Erich Mühsam

Schriften der
Erich-Mühsam-Gesellschaft
Heft 18

Thomas Dörr

„Mühsam und so weiter, was waren das für Namen …"

Zeitgeist und Zynismus im nationalistisch-antisemitischen

Werk des Graphikers A. Paul Weber

EMG 2011

Herausgeberin:	Erich-Mühsam-Gesellschaft e.V., Lübeck 2000,
	2. Auflage 2011
Bearbeiter/Bearbeiterin:	Jürgen-Wolfgang Goette, Sabine Kruse
© :	Thomas Dörr, Hamburg
Textbearbeiterin:	Gerda Vorkamp, Lübeck
Druck:	Books on Demand GmbH, Norderstedt
ISSN:	0940-8975
ISBN:	978-3931079-24-6
Preis:	7,50 €

Informationen: Erich-Mühsam-Gesellschaft, Buddenbrookhaus,
Mengstr. 4, 23552 Lübeck
E-Mail: info@buddenbrookhaus.de
www.erich-muehsam-gesellschaft.de

Vorbemerkung

Der erste Teil des vorliegenden Textes ist eine bearbeitete Fassung eines Vortrages, der auf der Jahrestagung der Erich-Mühsam-Gesellschaft Lübeck e.V. am 16.5.1999 in Malente gehalten wurde. Der Text wird leicht verändert nachgedruckt.

Der zweite Teil ist eine Erweiterung und Ergänzung, die 2001 im 9. Heft des Mühsam-Magazins erschienen ist. Auch dieser Text ist kaum verändert. Es folgt noch ein Nachtrag für die 2. Auflage.[1]

---

1 Erstdruck: Thomas Dörr, Der blinde Seher und seine Auguren. Zur Kontroverse um den Antisemitismusvorwurf gegen A. Paul Weber. In: Mühsam-Magazin, Heft 9, Lübeck 2001, S. 118–127

1

Der Graphiker A. Paul Weber gilt gemeinhin als ein Vertreter der kritischen Sparte seiner Zunft. Unzählige Publikationen einer kritischen Öffentlichkeit, Gewerkschaftszeitungen, Flugblätter von Bürgerinitiativen und anderen engagierten Gruppen, ja selbst große Tageszeitungen und Schulbücher haben ihn zum Kronzeugen berufen – und tun es bis heute –, wenn es darum geht, für Meinungsfreiheit und Demokratie und gegen Duckmäuser- und Denunziantentum zu mobilisieren. Weber hängt seit den 50er Jahren das Image des aufrechten und unbestechlichen Diagnostikers zeittypischer Phänomene an, der als „Künstler des antifaschistischen Widerstands" seit je den Finger auf die wunden Punkte in Vergangenheit und Gegenwart gelegt habe.

Diese Einschätzung und Zuordnung geschieht zu Unrecht. Sie ist nur unter Ausblendung von markanten Teilen seines Werkes möglich, die Image und Breitenwirkung diametral entgegenstehen. A. Paul Weber stand und steht in einer ganz anderen Tradition, als die, die, die sich seiner heute oftmals arglos und mit gutem Willen bedienen, ahnen.

Dabei ist der Hinweis darauf, dass gerade A. Paul Weber Staunen erregende antisemitische und nationalistische Graphiken angefertigt hat, nicht neu. Dieser Hinweis hat nur nie sonderlich gegriffen, da das suggestive und gewissermaßen „praktikable" Element der Arbeiten Webers immer überwog: wer könnte sich schon der Wirkung seines wohl bekanntesten Blattes „Das Gerücht" – ohne Kenntnis freilich der Hintergründe seiner Entstehung – entziehen?

Ursprünglicher Anlass, diese Hinter-, besser Ab-gründe noch einmal auszuloten, war eine A.-Paul-Weber-Ausstellung, die im Januar und Februar 1999 im Kreishaus in Eutin gezeigt wurde. Sie stand unter dem Titel „Widerstand und Entscheidung" und präsentierte „Lithographien nach Zeichnungen von 1928-1932". Dabei wurde durch Titelgebung, Kontext (geplante Eröffnung am 27. Januar, dem Jahrestag der Auschwitz-Befreiung) und Bildunterschriften suggeriert, es schon bei den Arbeiten dieser Zeit mit denen des „ewig wachen Mahners und Warners" vor den Gefahren des „heraufziehenden" Faschismus zu tun zu haben.

Doch so wenig wie der wie ein Wetter „heraufzog", so deutlich wird bei genauerer Betrachtung, dass ein gewissermaßen wetterwendischer Protagonist wie A. Paul Weber ihm auf seine Weise und vermittels der Möglichkeiten seines Genres den Weg bereitete. Dies kann eine Untersuchung seiner frühen Graphik, die sich teilweise der drastischsten antisemitischen, nationalistischen und inhumanen Klischees bedient, belegen. Dabei könnte sich auch zeigen, dass die Geschichte der Wirkungen von Webers Graphik unter anderem auch ein Spiel mit Rezeptionshaltungen, also verschiedenen Lesarten und deren Möglichkeiten, gewesen ist.

Es gilt zu prüfen, ob die eine Lesart von Weber als „immer wachem Demokraten" und „aufrechtem Künstler des antifaschistischen Widerstands" haltbar ist oder nicht eine andere, weiter ausgreifende, an ihre Stelle treten muss.

*

Zunächst einige kurze Bemerkungen zum methodischen Vorgehen.

In einem ersten Schritt sollen Aspekte des – den meisten wahrscheinlich – unbekannten graphischen Werkes A. Paul Webers aus der Zeit von 1918-1945 vorgestellt werden. Dabei wird weitgehend chronologisch vorgegangen. Um den jeweiligen Kontext der dabei in Rede stehenden Illustrationen zu verdeutlichen, werden kurze Textpassagen eingeflochten, die von den Autoren und aus den Büchern stammen, die Weber illustriert hat. Kleine biographische Skizzen dieser – gleichfalls wohl den meisten unbekannten – Autoren mögen verdeutlichen, in welcher Gesellschaft A. Paul Weber sich damals befand.

In einem zweiten Schritt soll an wenigen Beispielen die seltsame Metamorphose einiger Weberscher Motive demonstriert werden, die sie in der Ausdeutung vor 1945 und danach erfahren haben. Das vor allem auch deshalb, um Hinweise auf die Austauschbarkeit seiner Bildsprache zu geben. Denn diese Bildsprache hat, mal ohne sein Zutun, mal von ihm forciert und also durchaus nicht „ungewollt", eine eigenartige Wandlung von – sagen wir es – nationalistisch-antisemitischer zu einer später dann allgemein diffus-kritischen Symbolik erfahren.

Die Frage, *ob* dies so zu sehen sei, wird in einem dritten Schritt das Spektrum der Interpretierbarkeit und der möglichen unterschiedlichen Auffassungsvarianten eröffnen, die es im Zuge der ja nicht immer ganz unkritischen Weber-Rezeption gegeben hat. Dabei wird sich dann auch die Frage nach den Ingredienzen, den Zutaten also, seiner oft so geschlossen-suggestiv erscheinenden Kompositionen stellen. Wie sind sie gemacht? Womit überzeugen sie? Oder hat der Strich des Zeichners einen Haken?

Diese wenigen Hinweise und Schichtungen zum Vorgehen vorab; auch deshalb, damit nicht quasi offene Türen eingerannt werden, denn möglicherweise ist dem einen oder anderen dieses Engagement A. Paul Webers von 1918-1945 so unbekannt nicht, wie der Titel es suggeriert.

*

Denn weder der weit verbreitete Katalog der „Elefantenpress" über die „Kunst im Widerstand" von A. Paul Weber von 1977 aus Berlin noch auch – erst recht – das Begleitheft zur Frühjahrsausstellung der Torhaus Galerie in Panker (1982) verschweigen, *dass* Weber antisemitische und nationalistische Graphiken angefertigt hat. Im Gegenteil, beide interpretieren darüber hinaus noch diese Tatsache in allerdings dann sehr unterschiedlicher Weise. So ist nicht Webers Engagement allein, sondern darüber hinaus die Art und Weise seiner Aufnahme und ihrer Rechtfertigung seit längerem ein Politikum gewesen.

8

*

Darauf aufmerksam gemacht hat allen voran der Publizist und Maler Arie Goral, der, gleichfalls wie Weber aus der bündischen Jugendbewegung stammend – allerdings aus der jüdischen, und das markiert hier den kleinen, aber entscheidenden Unterschied –, diesen und die ihn umgebende Atmosphäre sozusagen noch „aus erster Hand" kannte. „Aus erster Hand" heißt, und da beginnt die avisierte kleine Chronologie, so wie A. Paul Weber sich etwa in den Jahren um 1920 herum zuerst der Öffentlichkeit präsentierte.

Im Jahre 1918 erscheint der „Zeitroman", wie er untertitelt ist, „Die Sünde wider das Blut" von einem gewissen Artur Dinter. Dieses in hohen Auflagen während der Weimarer Republik verbreitete „Volksbuch", das im „völkischen" Matthes und Thost Verlag, Leipzig, publiziert worden ist, wurde noch im Jahr seines Erscheinens mit einem opulenten Plakatmotiv beworben, für das – schon zu dieser Zeit eigentlich auf den ersten Blick kenntlich – A. Paul Weber verantwortlich zeichnet. *(Abb. 1)* Auf den Schultern eines am Boden liegenden Jünglings hockt ein massiger Greifvogel, dessen Last ihn offenbar niedergezwungen hat. Stumpfnasig glotzt er den Betrachter aus einem aufgequollenen, monströsselbstgewissen Gesicht an. Er ruht mittig-vertikal, die Greifzehen in die Schultern verkrallt, auf dem gebeugten Körper seines Opfers und hat in dieser Position die ihm offenbar gemäße Haltung gefunden. Ist mit diesen wenigen graphischen Chiffren schon unverkennbar das Feindbild des „hässlichen Juden" bezeichnet, wie ihn nachmalig wieder und wieder die antisemitische Karikatur benutzen sollte, so tut die Typisierung des Vogels als Eule ein Übriges. Die Eule als Symbol der Gelehrsamkeit, eine Anspielung auf die geistigen Kapazitäten der Juden, muss hier ein glatzköpfig-bebrilltes Monstrum mit stechendem Blick aus sinnleeren Punktaugen abgeben. Dieses „kopflastig"-unförmige Etwas okkupiert einen selbst in der Niederlage noch männlich-ästhetischen Körper, in dem der Betrachter schon die Kraft sehen und ihm wünschen mag, sich doch aufzurichten und das Untier abzuschütteln. Die hell/dunkel-Zeichnung tut ein Übriges; die Gegensätze gut/böse, oben/unten, alt/jung, und was der Extrempolaritäten mehr sein mögen, lassen kaum an Deutlichkeit zu wünschen übrig.

Der Roman, den der Zeichner hier bewirbt, stammt von einem der arriviertesten Antisemiten, den die nationalsozialistische Bewegung aufzubieten hatte. Ursprünglich Lehrer, war er später Theatermann und 1908 Mitbegründer des Verbandes Deutscher Bühnenschriftsteller. Seit 1924 war er der erste Mann der NSDAP in Thüringen, ab 1933 Gauleiter. Sein Buch war, wie gesagt, weit verbreitet und hatte den Charakter eines jedermann bekannten und geläufigen Volksbuches. Es ist dem englischen Geschichts- und Naturphilosophen Houston Steward Chamberlain gewidmet, dessen These von der Überlegenheit der nordischen Rasse bekanntermaßen für Hitler eine große Rolle gespielt hat.

DIE SÜNDE WIDER DAS BLUT

EIN ZEITROMAN VON Dr. ARTUR DINTER

Matthes & Thost Verlag Leipzig

Bl. Antisemitisches Reklameplakat für einen völkischen Roman
Fuchs, Die Juden in der Karikatur

Abbildung 1

Der mit kruden antijudaistischen Obszönitäten gespickten Handlung dieses Romans ist zudem auf rund siebzig Seiten eine Art wissenschaftlicher Apparat beigegeben, der mit langen Zitaten honoriger Geistesgrößen, pseudophilosophischen Ergüssen und „statistisch fundierter Beweisführung" zur „Übermacht des Judentums" die Authentizität des zuvor literarisch Propagierten zu legitimieren versucht. Dinters Roman hatte mit seinen geschätzten eineinhalb Millionen Lesern großen Einfluss, und eine Studie über „Judenbilder – zur Kulturgeschichte antijüdischer Mythen und antisemitischer Vorurteile" *(Rohrbacher/Schmidt, Reinbek 1991)* verweist auf Formulierungen in „Mein Kampf", die auf einen Einfluss Dinters schließen lassen. Erschienen ist dieser Roman im Verlag des wie Weber gleichfalls jugendbewegten Erich Matthes, der seit 1914 mit der Herausgabe sogenannter „Kriegsflugblätter" auf sich aufmerksam gemacht hatte, in denen er euphorisch den Ausbruch des 1. Weltkrieges begrüßte. Dienten diese, wie eine andere Studie es bezeichnet, der „poetischen Mobilmachung eines Volkes des Zorns" *(Klaus-Peter Philippi, Volk des Zorns, München 1979)*, so die Weberschen Blätter im selben Verlag der ästhetischen Wieder-Aufrüstung nach dem eben verlorenen Krieg. Dinter war Matthes' Bestsellerautor, Weber sein graphischer Propagandist – lange vor den Auswüchsen der nationalsozialistischen Propaganda. Von „Missbrauch" durch die Nazis oder einer wie immer gearteten versteckt „widerständlerischen" Tendenz der Weberschen Zeichnung kann also – zumindest in diesem Jahr 1918 – nicht die Rede sein.

*

Vier Jahre später: eine noch weit ab von jeder politischen Bedeutsamkeit liegende NSDAP, ein Häuflein von ein paar tausend Leuten, wird nach dem Mord an Rathenau, dem Außenminister der Weimarer Republik, in Preußen verboten – Walter Rathenau, ermordet, weil er Jude war –, während in München die sogenannte „Ordnungszelle Bayern" auf einen Mussolinis „Marsch auf Rom" gleichkommenden „Marsch auf Berlin" spekuliert, maßgeblich rekrutiert aus Freikorpsleuten, deren Brigademarschlied reimte:

> Auch Rathenau, der Walter,
> erreicht kein hohes Alter,
> knallt ab den Walter Rathenau,
> die gottverdammte Judensau.

Vier Jahre später also illustriert – ohne jede Not und etwaige Gängelung – A. Paul Weber die im schon erwähnten Verlag Erich Matthes erschienene Publikation „Der Zeitgenosse. Mit den Augen eines alten Wandervogels gesehen" von Hjalmar Kutzleb. Kutzleb war Geschichtsprofessor und schrieb nebenher Unterhaltungsliteratur mit mittelalterlich-germanisierender Tendenz. Seine Jugend- und Sagenbücher trafen nicht nur den Ton nationalsozialistischer Großreichs-Emphase, sondern initiierten ihn früh schon mit. 1922 aber machte er dem

„Zeitgenossen" die Rechnung auf und führte ihm krass vor Augen, wer dem nach dem verlorenen Krieg darnieder liegenden Deutschland so zusetzt. *(Abb. 2)* Wieder ist es „der Jude", dessen nun bereits bekannte Kennzeichen Hakennase und Gelehrsamkeit, hier: Buch unter dem Arm, der Zeichner A. Paul Weber in Szene setzt. Auch die Anspielung auf die „Dolchstoßlegende" ist deutlich; der aufrechte Soldat, das „im Felde unbesiegte deutsche Heer", ist nur durch den Verrat der maßgeblich durch die jüdische Intelligenz in Szene gesetzten Revolution zu Hause zu Fall gebracht worden; einer jüdischen Intelligenz *(Abb. 3)*, deren „schlangenartige Durchtriebenheit" Weber in einem unmittelbar auf der gegenüberliegenden Seite abgebildeten Blatt durch ein einem Tintenfass entsteigendes ekliges Reptil mit spitz züngelndem Mund zu fassen versucht. Wieder fehlt auch diesem Reptil die Hakennase so wenig wie Tinte und Buch, die greifende Klaue nicht und auch nicht die unförmige Gestaltung des Leibes. Die drohend herangerauschte Gestalt aus dem Dunkel *(Abb. 2)*, in das sie sich ebenso schnell wieder zurückziehen könnte, peilt hinterrücks zielsicher-verstohlen gerade die angreifbarste Stelle des schlanken Mannes an, der ihr den Rücken zuwendet; sein einwärts gebogenes Kreuz, in das ein Stoß genügen würde, um ihn zu Fall zu bringen, ohne dass er parieren könnte. Die scheinbar offen dargebotene Hand legt gleichzeitig die Geste des Vorschlagens, der Einflüsterung und des Forderns nahe. Infamer jedenfalls, so die Botschaft dieses Blattes, kann ein Wesen sich dem andern nicht nähern; böswilliger, listiger und schmieriger als das Schlangenfroschwesen kann kein Geist sonst dem Tintenfass entsteigen.

*

Da hier Text *und Kontext* betrachtet werden sollen, ist ein weiterer Blick auf Kutzlebs „Zeitgenossen" (S. 18/19) geboten *(Abb. 4)*, wo der Autor eine ganz eigene Sicht der Dinge auf die damaligen sozialen Verhältnisse entwickelt und Folgendes schreibt:

Nicht das empört den Besitzlosen, daß es Reiche gibt, sondern, daß der größte Teil dieses Reichtums in unwürdigen Händen ist. Der Enterbte fühlt, daß Arbeit, deren letztes Ziel der Gelderwerb ist, schändlich, verächtlich, Sünde wider den heiligen Geist im Menschen ist. Eine Weltanschauung, die das Geldverdienen als Lebensaufgabe gestattet, mehr, die den Geldverdiener zum Herrn im Staate und in der Gesellschaft macht, ihm die Kultur anvertraut, – und das tut der Liberalismus – ist eine sittliche Seuche, ist teuflisch. Sie hat jene Sorte Geldverdiener gezeugt, denen es gleichviel gilt, ob sie mit Käse oder Ölgemälden, mit Mädchen oder Gesangbüchern handeln; Hauptsache ist, daß es Geld, viel Geld bringt. Es sind die Giftmischer, die Schund filmen und das Schundbuch vertreiben, die Bedürfnisse erwecken, um mit der Befriedigung dieser Bedürfnisse Geld zu verdienen – so kann man's wenigstens ausdrücken, wenn man der Wahrheit Handschuhe anzieht, es geht aber auch so: die Laster und Dummheit großfüttern, damit sie diese beiden Untiere vor ihren Karren spannen können. [Um dann fortzufahren, und an dieser Stelle ist die Weber-Zeichnung eingefügt:]

Abbildung 2

Abbildung 3

Wer ist ein Schuft: der Junker im 18. Jahrhundert, der bei seinen heiratsfähigen Instmädchen das Recht der ersten Nacht ansprach, oder der Meyer oder Levysohn, der ohne Leidenschaft tausende Seelen verseucht und vergiftet, wer ist ein Schwein, die Fünfgroschensdirne vom Wedding in Berlin oder der Verleger, der mit säuischen Schmöckern die Geilheit der Unmündigen stachelt und daraus Millionengewinne zieht? Aber der Name des Junkers ist zum Schimpfwort geworden, und die Dirne ist in die Nacht gestoßen, Meyer und Levysohn genießen die Achtung des liberalen Bürgertums.

Was ließe sich zu der Illustration *(Abb. 4)*, die den anklägerisch-geifernden Ton des Textes aufgreift, sagen? Die schon bekannten Stereotypen des Geld raffenden Krummnäsigen, dem hier noch ein Teufelsschwanz beigegeben ist, noch einmal auflisten? Der Illustrator A. Paul Weber hat, im Grunde genommen noch über den wütend-schäumenden Gestus des Autors Kutzleb hinausgehend, auf diesem Blatt eine klare Polarität angelegt, indem er dem von ihm inszenierten geduckt-schwitzenden Monstrum von Juden, denn um das handelt es sich wieder einmal, einen aufrechten, scharf konturierten Kopf gegenübersetzt, der mit vorgehaltener Waffe das Unwesen zugleich stellt, konfrontiert und zur Herausgabe seines Besitzes zwingen wird, vielleicht aber auch es im nächsten Moment – einfach erschießt.

Es macht die Sache nicht besser, ironischer oder sonstwie etwa „doppelbödiger", wenn Betrachter, die mit der Physiognomie von Webers eigenem Äußeren vertraut sind, hierin ein Konterfei seiner selbst erblicken. Zudem spielt hier Weber auf den griechischen Mythos von König Midas an, der sich gewünscht hatte, alles, was er anfasse, möge sich in Gold verwandeln, um schließlich entsetzt festzustellen, dass sich auch seine Nahrung in Gold verwandelte: die Konfrontation mit der Waffe und dem impliziten „Nun friss, da Du Dir das gewünscht hast" enthüllt gleichzeitig eine sadistische Komponente, als deren Exekutor der Graphiker Weber sich inszeniert.

Versehen? Unkenntnis? Missgriff? Jugendsünde?

All diese Topoi sind von Verehrern des engagierten Zeichners A. Paul Weber bemüht worden, um seine den meisten so überraschende Parteinahme für die extreme Rechte und ihre zwischen Kasino- und Kasernenhofton schwankende Ausdrucksweise in den zwanziger Jahren zu erklären. Die Legitimationsstrategien sind zahlreich und oft leicht bei der Hand, Problematisierungen der Kontexte rar. Bis heute hängt im A.-Paul-Weber-Museum in Ratzeburg auf den im Eingangsbereich präsentierten Tafeln zur Biographie des Zeichners ein Foto, das einen strahlenden Kutzleb Seite an Seite vertraut mit Weber zeigt.

*

Doch dass dieses Engagement nichts weniger als ein Versehen oder ein vorübergehendes war, offenbaren kaum sechs Jahre später weitere Blätter von Webers Hand. 1928 nämlich illustriert er das bis in die 40er Jahre immer wieder in ho-

ihm die Kultur anvertraut, — und das tut der Liberalismus — ist eine sittliche Seuche, ist teuflisch. Sie hat jene Sorte Geldverdiener gezeugt, denen es gleichviel gilt ob sie mit Käse oder Ölgemälden, mit Mädchen oder Gesangbüchern handeln; Hauptsache ist, daß es Geld, viel Geld bringt. Es sind die Giftmischer, die den Schund filmen und das Schundbuch vertreiben, die Bedürfnisse erwecken, um mit der Befriedigung dieser Bedürfnisse Geld zu verdienen — so kann man's wenigstens ausdrücken, wenn man der Wahrheit Handschuhe anzieht, es geht aber auch so: — die Laster und Dummheit großfüttern, damit sie diese beiden Untiere vor ihren Karren spannen können. Wer ist ein Schuft: der Junker im

18. Jahrhundert, der bei seinen heiratsfähigen Instmädchen das Recht der ersten Nacht ansprach, oder der Meyer oder Levysohn, der ohne Leidenschaft tausende Seelen verseucht und vergiftet, wer ist ein Schwein, die Fünfgroschendirne vom Wedding in Berlin oder der Verleger, der mit säuischen Schmökern die Geilheit der Unmündigen stachelt und daraus Millionengewinne zieht? Aber der Name des Junkers ist zum Schimpfwort gesunken, und die Dirne ist in die Nacht gestoßen, Meyer und Levysohn genießen die Achtung des liberalen Bürgertums. Geld stinkt nicht; und das Wort Friedrichs des Großen vom Seligwerden ist heute anders gefaßt: Bei uns kann jeder nach seiner Fasson reich werden.

Wenn der Individualismus und Liberalismus überhaupt Stich hielten, so gälten sie für alle Menschen, auch für die Enterbten. Die Arbeiter haben Recht

2*   19

Abbildung 4

hen Auflagen erschienene Werk „Ernstes und Heiteres aus dem Putschleben" des ehemaligen Freikorps-Sturmbataillonführers Manfred von Killinger, dessen Stil dem eben zitierten in nichts nachsteht.

Doch zunächst: wer war von Killinger und in welchem politischen Kontext standen seine Aktivitäten in den 20er Jahren? 1886 geboren, hatte er als Seeoffizier am 1. Weltkrieg teilgenommen und war danach als Kapitänleutnant aus der Marine ausgeschieden. Ihm wie so vielen entlassenen Offizieren kam zupass, dass die deutsche Generalität sich trotz – oder wegen – eben verlorenem Krieg mit großem Eifer an die Aufstellung sogenannter Freikorps machte. Diese Freikorps stellten ein Sammelsurium von Kriegsbankrotteuren und marodierenden Frontkämpfern dar, denen der Gedanke an einen Abschied vom waffenstarrenden wilhelminischen Militarismus und die Aussicht auf eine Rückkehr in ein ziviles Alltagsleben unter zumal noch demokratischen Vorzeichen ein Gräuel war. Es waren völlig irreguläre Verbände, die unter keiner wie auch immer zu denkenden Kontrolle standen und die mit ihrer zudem zugestoßenen Klientel von etwa national denkenden Burschenschaftlern und abenteuerlustigen rechtsgerichteten Fanatikern ein, wie man heute sagen würde, hohes Maß an Gewaltbereitschaft auszeichnete.

Diese Freikorps stehen am Ursprung all jener nationalsozialistischen Kampfverbände, die nach 1933 die Einrichtung und „Auffüllung" der ersten Konzentrationslager betrieben und in den Kriegsjahren nach 1940 für die Massentötungen an – insbesondere jüdischen – Zivilisten im Osten verantwortlich waren. Sie sind es auch, die verantwortlich zeichnen für den Mord an Rosa Luxemburg und Karl Liebknecht, einen Mord, über den der Publizist Sebastian Haffner 1969 sagen konnte:

> Der Mord von 15. Januar 1919 war ein Auftakt – der Auftakt zu den tausendfachen Morden in den folgenden Monaten, […] zu den millionenfachen Morden in den folgenden Jahrzehnten der Hitlerzeit. Er war das Startzeichen für alle anderen. Und gerade er ist immer noch uneingestanden, immer noch ungesühnt und immer noch unbereut. *(Sebastian Haffner: Die verratene Revolution. Deutschland 1918/19. Bern 1969, S. 163)*

*

Manfred von Killinger war nicht irgendein Freikorpsmitglied, sondern der Führer des Sturmbataillons des besonders berüchtigten Freikorps Ehrhardt, Mitglied des Wikingbundes und Angehöriger des Germanenordens, einer besonders radikalen Gruppe innerhalb der rechtsextremen „Organisation Konsul". Das Sturmbataillon des Freikorps Ehrhardt, das er leitete, war maßgeblich an der Niederschlagung der Münchener Räterepublik von 1919 beteiligt und zeichnete sich durch besondere Brutalität aus. Dem Wüten dieser Banden, die in den entscheidenden Tagen Ende April/Anfang Mai 1919 jeden niedermachten, der auch nur entfernt im Verdacht stand, „Spartakist" zu sein, fielen allein in dieser einen Woche rund 1200 Menschen zum Opfer. Die nachmalige nationalsozialistische Führung dankte ihm, der 1928 in SA und NSDAP eingetreten war, indem sie ihn 1933 zunächst zum Reichskommissar und schließlich zum Ministerpräsidenten von Sachsen berief. Seine Erinnerungen indes an die „prägenden" frühen Jahre in München wurden nicht vergessen, sondern fanden – mit den Illustrationen von A. Paul Weber – in hoher Auflage bis in die 40er Jahre hinein Verbreitung. *(Abb. 5)*

Um auch hier einmal eine Vorstellung von dem Ton zu geben, der zum Bild gehört, ist ein weiteres Mal ein Blick auf den Text geboten. So schreibt Manfred von Killinger in schneidig-martialischer Manier in seinem „Erinnerungsband" „Ernstes und Heiteres aus dem Putschleben":

> In München hatte die rote Brut das Heft fest in der Hand. Lewin, Leviné-Nissen, Mühsam usw., was waren das für Namen. Waren das Bayern? Jüdisches, internationales Gesindel, die Intellektuellen aus Schwabing. […]
> Ich gehe nach dem Gefangenenzimmer. Mal sehen, was da los ist.
> Eine Frau macht sich an mich heran: „Lassen Sie bitte meinen Mann los, der ist bloß verführt."
> „Welcher ist es?"
> „Der da."
> Der Kerl sieht gut aus, denke ich. Groß, schlank, breite Schultern. Blondes Haar, rassiges Gesicht. Ich winke ihn heran. Trotzig steht er vor mir. Nachdem ich ihn eine Weile betrachtet, sage ich:
> „Haben Sie denn gar kein Rassebewußtsein? Sehen Sie sich doch einmal dieses rasselose Gesindel an, und dann gucken Sie mal in den Spiegel. – Gehen Sie mit Ihrer Frau nach Hause, und bedanken Sie sich bei ihr."
> Sein trotziger Blick war verschwunden. Wie ein erstauntes Kind sah er mich an, dann zog ihn seine Frau mit sich fort.
> Die meisten waren kleinlaut. (Aber:)
> Ein Weibsbild wird mir vorgeführt. Das typische Schwabinger Malweibchen. Kurzes, strähniges Haar, verlotterter Anzug, freches, sinnliches Gesicht, wüste Augenringe.
> „Was ist mit der los?"
> Da geifert Sie los: „Ich bin Bolschewistin! Ihr feige Bande! Fürstenknechte! Speichellecker! Anspucken sollte man Euch! Hoch Moskau!" Und dabei spuckt sie einem Unteroffizier ins Gesicht.
> „Fahrerpeitsche. Dann laufen lassen," sage ich kurz.
> Zwei Mann packen sie. Sie will beißen. Eine Maulschelle bringt sie zur Räson. Im Hof wird sie über die Wagendeichsel gelegt und so lange mit Fahrerpeitschen bearbeitet, bis kein weißer Fleck mehr auf ihrer Rückseite war.
> „Die spuckt keinen Brigadier mehr an. Jetzt wird sie erst mal drei Wochen auf dem Bauche liegen […]". *(ebd., S. 14/15)*

Da geifert sie los: „Ich bin Bolschewikin! Ihr feige Bande!
Fürstenknechte, Speichellecker! Anspucken sollte man euch!
Hoch Moskau!" und dabei spuckt sie einem Unteroffizier ins
Gesicht.

„Fahrerpeitsche. Dann laufen lassen", sage ich kurz.
Zwei Mann packen sie. Sie will beißen. Eine Maulschelle
bringt sie zur Räson. Im Hof wird sie über die Wagendeichsel

gelegt und so lange mit Fahrerpeitschen bearbeitet, bis kein weißer
Fleck mehr auf ihrer Rückseite war.

„Die spuckt keinen Brigadier mehr an. Jetzt wird sie erst
mal drei Wochen auf dem Bauche liegen", sagt Feldwebel
Herrmann.

Das Schießen und Krepieren der Handgranaten wird immer
heftiger. Ich lasse Leutnant Stohn kommen.

„Gehen Sie mal mit zwei Gruppen Patrouille. Ich möchte
wissen, was da los ist. Hier haben Sie die Karte. Die Stand-
quartiere der anderen Kompanien sind eingezeichnet. Vom Regi-
ment und der Brigade ist keinerlei Befehl gekommen."

15

Abbildung 5

Abbildung 6

Bis 1931 erschien das „Putschleben" mit den Illustrationen von Weber in der „Vormarsch-Bücherei" und wurde dann vom „Eher-Verlag" übernommen, zu dessen Erfolgstiteln auch – „Mein Kampf" zählte. Doch nicht genug damit, der Eher-Verlag (schließlich der „Zentralverlag der NSDAP") gab jeder seiner Ausgaben von „Mein Kampf" eine Verlagsanzeige bei, in der er eine Auswahl seiner sonstigen Publikationen bewarb, und zu diesen gehörte auch von Killingers „Ernstes und Heiteres aus dem Putschleben" – mit den Illustrationen von A. Paul Weber.

Und wer nun meint, dass das mit Blick auf Webers vermeintlich antifaschistische Zeichnungen und seine Mitarbeit an Ernst Niekischs Publikation „Hitler, ein deutsches Verhängnis" von 1932 – auf deren Rolle wir gleich noch zu sprechen kommen – dann 1933 ein jähes Ende fand, der sieht sich getäuscht: der Verlag von „Mein Kampf" legt auch 1933 von Killingers „Putschleben" mit den Zeichnungen von Weber auf, in der 5. Auflage, 1939 in der 7. Auflage, 1941 in der 8. und noch 1942 schließlich in der 9. Auflage.

*

Bevor schließlich zu Ernst Niekischs Wirken und dem vermeintlichen Widerständlertum A. Paul Webers in der folgenden Zeit übergeleitet werden soll, noch einige wenige Blätter in der nun schon bekannten Manier Webers aus diesen Jahren. Das erste ein Titelblatt der Zeitschrift „Der Vormarsch – Blätter der nationalistischen Jugend" mit einer Illustration A. Paul Webers, betitelt „Das Opfer". *(Abb. 6)* Wer Opfer ist und wer Aggressor, braucht nicht mehr eingehender entwickelt werden. Der „arische Jüngling" und das „semitische Monstrum" sind wie bei den vorhin schon gezeigten Blättern im krassen hell/dunkel-Kontrast, gepaart mit dem Gegensatz „trotzig-kühn" und „hinterlistig" in einer Deutlichkeit dargestellt, die eigentlich nichts zu wünschen übrig lässt. Vielleicht wäre noch auf das Motiv des „Ritzens der Lende" hinzuweisen, das für das Unfruchtbarmachen und das Rauben von Lebenskraft steht.

*

Das zweite Blatt, auf das noch die Aufmerksamkeit gelenkt werden muss, stammt aus einem Buch mit dem Titel „Literatenwäsche" von Wilhelm Stapel (1930), illustriert mit Zeichnungen von A. Paul Weber. Stapel war ein 1882 geborener, 1954 in Hamburg gestorbener nationalistischer Schriftsteller, der schon 1918 die Leitung der Monatsschrift „Deutsches Volkstum" übernommen hatte, um sie alsbald zu einem der führenden Organe der sogenannten „Konservativen Revolution" zu machen. Er war ein entschiedener Gegner der Weimarer Republik und trat 1928 mit seiner Schrift „Antisemitismus und Antigermanismus" für eine Trennung des „jüdischen Geistes" vom „deutschen" ein. 1936 hält er auf der „wissenschaftlichen Arbeitstagung" der „Forschungsabteilung Judenfrage des Reichsinstituts für Geschichte des neuen Deutschlands" seine Rede: „Die literarische Vorherrschaft der Juden in Deutschland 1918-1933", die, wie das Vorwort der dann auch im Druck erschienenen Ausführungen bemerkt, „ein Auditorium von [...] Fachleuten zu geradezu stürmischem Beifall" hinriss.

Unter den Literaten, die in seiner „Literatenwäsche" gewaschen werden, sind Alfred Döblin, Ernst Toller, Erich Mühsam, Arthur Schnitzler, Hermann Hesse, Heinrich und Thomas Mann sowie Erich Kästner, um nur einige zu nennen. Unter dem Titel des Buches sieht man eine Zeichnung mit drei an den Armen Aufgehängten, an einer Leine baumelnd, tropfnass. *(Abb. 7)*

Ein besonders markantes Blatt ist Kurt Tucholsky gewidmet. *(Abb. 8)* A. Paul Weber stellt ihn als Laus (Laus lexikalisch: „blutsaugender Parasit") dar, die wie zu Studienzwecken aufgespießt säuberlich betitelt mit ihren krummen, haarigen Beinen in der Luft zappelt. Das Gesicht ärgerlich verzerrt ob solcher Behandlung, fehlt auch diesem wieder nicht die so charakteristische „jüdische Nase".

Schien es bisher geboten, eine, wenn überhaupt möglich, genaue, aber „neutrale" Schilderung des Charakters der Arbeiten A. Paul Webers zu geben, so möchte ich diesen Grundsatz an dieser Stelle aufgeben und anmerken, dass zumindest für meine Begriffe die Brutalität, Perfidie und Primitivität eines solchen Blattes kaum zu überbieten ist. Es mindert die Drastik der Wirkung dieses Blattes nicht und entlastet auch nicht seinen Schöpfer, wenn man anmerkt, dass Tucholsky selber diese Darstellung als eine ironische empfunden hat. Denn es bleibt dahingestellt, ob auch die anderen Literaten sich durch die Darstellung als Parasiten, Aufgehängte und Geköpfte geehrt gefühlt haben. *Das* vor allem auch aus dem Grund, weil es mit seinem Erscheinen im Jahre 1930 mitten in *die* Zeit fällt, die die Eutiner Ausstellung beispielsweise, aber nicht nur die, als eine von „Widerstand und Entscheidung" präsentieren wollte.

Widerstand wogegen? Entscheidung wofür?

Krallen, krumme Gliedmaßen, haarige Hände, an den Armen Aufgehängte, eine einem Nachttopf entsteigende Schlange, der ein Jude den Puls fühlt, hässliche Hakennasen und abgeschlagene Köpfe – es bleibt dem Urteil des Lesers überlassen, zu welcher „Subtilität" der „Widerstandsmann" A. Paul Weber in seiner Ikonographie in jenen Jahren fähig war – und, vor allem, in welchem Kontext er seine Arbeiten situierte. *(Abb. 9)*

In dem höhnischen Kapitel „Aus der neuen republikanischen Gesellschaft", in dem Stapel die Faulheit und Sittenverderbtheit der jüdischen Intelligenz geißelt, imaginiert er ironisch unter Verwendung von Namen von ihm missliebigen Zeitgenossen die Besetzung deutscher Ministerien in einer unter „jüdischer Vorherrschaft" gebildeten Republik des Geistigen.

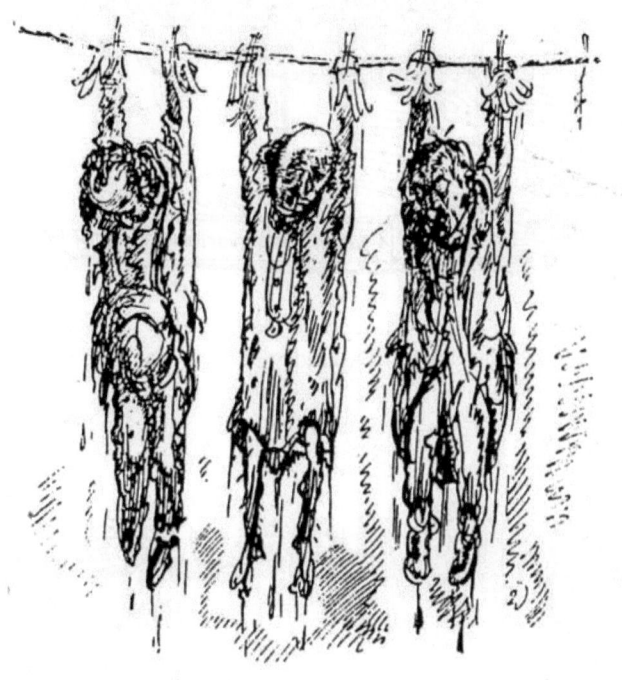

Abbildung 7

Abbildung 8

Abbildung 9

Er reklamiert dabei die rüdesten Klischees vom arbeitsscheuen, sittenlosen Linken und Juden und schreibt:

> Was die übrigen Ministerien betrifft, so ist als gesichert bisher nur folgendes zu betrachten: Das Reichsarbeitsministerium übernimmt Erich Mühsam, von dessen Fleiß und Arbeitseifer das deutsche Volk das Höchste erwarten darf. [Und anschließend:]
>
> Um auch die wertvolle Kraft eines Arthur Schnitzler für die deutsche Republik nutzbar zu machen, wird ein Ministerium zur Hebung der Volkssittlichkeit geschaffen. *(ebd., S. 52)*

Unmittelbar darüber ein Weber-Porträt Schnitzlers, in dem dieser als zügellose Satyrgestalt gefasst ist, mit deutlichem Bezug auf den Publikumsskandal, den dessen Stück „Der Reigen" 1921 in Berlin ausgelöst hatte und dem ein Prozess wegen Erregung öffentlichen Ärgernisses folgte, in dem zahlreiche Äußerungen eines militanten Antisemitismus laut wurden.

Weber zeichnet, wohlgemerkt, nicht Mühsam, situiert seine Arbeit aber im eminent aggressiv-polemischen Kontext der antisemitischen Bemerkungen Stapels, mit der dieser *die dann auch auf Mühsam* projizierten Klischees entfaltet. Bild und Text stellen sich somit nicht bloß in die Tradition antisemitischer Vorurteile, sondern funktionieren wechselseitig durch das Evozieren der als verwerflich geltenden Stereotypen. Man kann auch sagen: die Illustration bezeichnet keine Person, sondern einen Typus, den der Kontext eben für beliebig erklärt hat. In den Worten Killingers: „Mühsam usw., was waren das für Namen": keine nämlich, sondern „Subjekte", mit denen zu „verfahren" war, was dann ja auch geschah.

*

Wilhelm Stapel schätzte A. Paul Weber sehr. Er urteilte gelegentlich über ihn *(Abb. 10)*: „Es darf unterstrichen werden, daß der Nationalismus der jungen Generation sich durch A. Paul Weber auch der karikaturistischen Waffe bemächtigt hat und daß die Anfänge stark, rücksichtslos und wohlgeschult sind."

Im Fall des hier vorliegenden Blattes muss neben diesem Zitat von Stapel ferner die Aufmerksamkeit auf die auf der gegenüberliegenden Seite beworbenen Bücher des „Widerstands-Verlags" gelenkt werden, um zu verdeutlichen, was denn das für eine „Deutsche Widerstandsbewegung" gewesen ist, deren Begriff auch die Eutiner Ausstellung genau mit Bezug auf diese Zeit für Ihre Titelgebung – „Widerstand und Entscheidung" – reklamierte.

Ernst Niekischs „Gedanken über deutsche Politik" etwa werden von den „Leipziger Neuesten Nachrichten" mit den Worten kommentiert: „Diese geradezu glänzend geschriebene Darstellung [...] des politischen Handelns [...] sollte kein deutschempfindender Tagespolitiker ungelesen lassen." *(s. Abb. 10)*

Wiberſtands-Verlag, Berlin

Von A. Paul Weber ſind erſchienen:

Grenzland

Neun Holzſchnitte zum Grenzkampf des deutſchen Volkes

Preis kartoniert RM 2.—

Die gleiche Mappe mit Handdrucken Preis RM 15.—

„Dieſe wunderbaren Holzſchnitte gehören in jedes deutſche Haus. Sie ſchärfen das Gewiſſen und erinnern an die Pflichten, die wir gegenüber unſeren kämpfenden Brüdern an der Grenze haben."

Poſtkartenreihen:

Um die akademiſche Freiheit

Acht Zeichnungen zur freieſten Verfaſſung der Welt

Preis RM 0.50

In Vorbereitung:

Bauer in Not

Die Verelendung des deutſchen Bauern und der Kampf gegen ſeine Peiniger

Rom über Deutſchland

Das Schickſal des deutſchen Geiſtes und der deutſchen Seele im Siegeszuge der katholiſchen Aktion

---

Über A. Paul Weber ſchrieb Dr. Wilhelm Stapel im „Deutſchen Volks-tum": „Es darf unterſtrichen werden, daß der Nationalismus der jungen Generation ſich durch A. Paul Weber auch der karikaturiſtiſchen Waffe bemächtigt hat und daß die Anfänge ſtark, rückſichtslos und wohl geſchult ſind."

Abbildung 10.1

Widerſtands=Verlag, Berlin

Die grundlegenden Schriften der deutſchen Widerſtandsbewegung ſind
folgende Bücher von

Ernſt Niekiſch:

Gedanken über deutſche Politik

Preis in Halbleinen RM 7.55

„Dieſe geradezu glänzend geſchriebene Darſtellung … des politiſchen Handelns … ſollte kein deutſchempfindender
Tagespolitiker ungeleſen laſſen."   Leipziger Neueſte Nachrichten.

Entſcheidung

Preis gebunden RM 4.50, kartoniert RM 3.25

„Dieſes Buch bedeutet wirklich eine Entſcheidung. Es iſt kein literariſches Erzeugnis mehr, ſondern ein
Programm. Es wird keine Leſer haben, ſondern Jünger und Feinde."   Der Tag.

Politik und Idee

Preis Halbleinen RM 2.50, broſchiert RM 2.15

„Es gehört zu dem Beſten, was ſeit der Ausböhlung der liberalen Theorie, ſeit dem Kriegsende, über die
politiſche Problematik in Deutſchland geſagt worden iſt."   Politiſche Wochenſchrift.

Der politiſche Raum deutſchen Widerſtandes

Preis kartoniert RM 0.15

Hier wird mit aller Schärfe der ſoziologiſche Boden beſtimmt, der die deutſche Widerſtandsbewegung künftig
tragen wird.

Aktion der Jugend

Eine Rede an das Nachkriegsgeſchlecht

Preis RM 0.30

Dieſe Rede entwickelt den Grundgedanken der Aktion der Jugend anläßlich des Youngplans.

Abbildung 10.2

Und über die „Entscheidung" heißt es: „Dieses Buch bedeutet wirklich eine Entscheidung. Es ist kein literarisches Erzeugnis mehr, sondern ein Programm. Es wird keine Leser haben, sondern Jünger und Feinde." *(s. Abb. 10)*
Und was lesen die „Jünger oder Feinde"? Sätze wie diese:

> Außerordentliche Zeiten rechtfertigen außerordentliche Mittel; und wo die Frage der Selbsterhaltung eines Volkes aufgeworfen wird, wird die Weisheit und Bedachtsamkeit der Geheimräte schal; da verlangt der Augenblick die Entfesselung tiefster und dunkelster Kräfte eines Volkes. Verharrt hier die Gewalt des Elementaren im Schlafe, tobt und tost das Elementare nicht über alle Dämme hinweg: dann ist alle Hoffnung verloren. […]

> Nur eine äußerste Anstrengung, eine übermenschliche Tat, ein Heldentum, das seinesgleichen in der Welt nicht mehr hat, eine Auffraffung, die ins Wunderbare ragt, könnte Deutschland noch retten. […]

> Die nationalistische Minderheit fühlt sich nicht solidarisch mit diesem Europa, dessen Dasein die Knechtung des deutschen Volkes in sich begreift. Sie ist zu Bündnissen mit allen Kräften entschlossen, die den Untergang dieses Europa im Schilde führen. […] Wenn Deutschlands Auflehnung gegen das Versailler Joch das Verderben des gesamten Europa heraufbeschwört, dann scheut diese Minderheit dieses Verderben nicht: eher mag die Welt zugrunde gehen, als daß sich das deutsche Volk freiwillig in seine Fesseln schicken mag. […]

> Deutscher Nationalismus ist der Wille zum deutschen Schicksal: – und wenn es gleich in Sturm und Feuer einherschreitet. […]

> Die Befreiung der unerlösten Gebiete: das ist, nachdem sich die alte Generation in verächtlicher Feigheit dieser Aufgabe entzogen hat, die heilige Mission der Jugend, der kommenden Geschlechter. Hier ist kein Kompromiß, keine Verständigung, kein Rückzug erlaubt, der Mut, europäische Unruhestifter zu sein, wird deutsche nationale Pflicht." *(Ernst Niekisch, aus: Gedanken über deutsche Politik, 1929; und: Entscheidung, 1930)*

Ernst Niekischs damalige Positionen werden gemeinhin unter dem griffigen Schlagwort vom „Nationalbolschewismus" rubriziert, der in den Publikationen des „Widerstands-Verlags" sein Organ hatte. Er opponierte sowohl gegen den „Demokratismus" der Weimarer Republik als auch gegen jene Fraktion des Nationalsozialismus, deren „nationaler Aufbruch" 1933 ihm nicht militant genug war. Daneben war er 1919 während der bayrischen Räterepublik Präsident des Zentralrats der Arbeiter-, Bauern- und Soldatenräte gewesen, pflegte Anfang der 30er Jahre Kontakte zu den nationalistischen Kreisen der KPD und kam nach 1945 im Kulturbund der DDR sowie an der Ostberliner Humboldt-Universität zu Ehren. Dieser scheinbar sprunghaften und ambivalenten biographischen Bezüge wegen wurde Niekisch gelegentlich sowohl mit der Aura des „Widerständlers" als auch der des „linken Nationalisten" umgeben. Sein Votum freilich für die dem „Volk entströmenden Energien", denen „geistige Eliten" Gestalt zu geben hätten, gilt für die eine wie die andere der beiden totalitären Optionen. Weber hat zahlreiche Bücher des „Widerstands-Verlags" illustriert und war mit Niekisch zusammen ab 1931 Herausgeber der gleichnamigen Zeitschrift. Was aber waren Niekischs Positionen und was hatte es mit seiner wie im Wappenschild geführten Floskel vom Widerstand auf sich? Noch einmal: Widerstand wogegen?

Die Analyse folgt hier einer Argumentationslinie, die eine Gruppe um den Hamburger Historiker Heiner Studt 1982 entwickelt hat. *(Dengel, Koch, Petersen, Studt: Kunst im Widerstand? Kontroverse um A. Paul Weber, in der Zeitschrift „links" 3/1979, S. 15-18)*

Niekisch und seine Nationalrevolutionäre befanden sich insofern „im Widerstand" gegen den zur Macht strebenden Nationalsozialismus, als sie Konkurrenten Hitlers um die Macht waren. Sie wollten gewissermaßen die „besseren" Nationalsozialisten sein. Zu ihren elementaren Statuten gehörte:

- Blick nach dem Osten und seinen einfachen Werten statt Verfallenheit an den dekadenten (liberalen, demokratischen) Westen;

- Zwang der Bevölkerung zur Stadtflucht durch eine Wirtschafts- und Sozialpolitik, die das Leben in den Großstädten durch deren bewusste Verödung unmöglich macht;

- statt dessen Ausbau großer Lager in östlichen Gebieten, in denen eine arbeitspflichtige Jugend in der Landwirtschaft und im Straßenbau an Gehorsam, karges Leben und Entbehrungen aller Art gewöhnt wird;

- Absage an die Idee der Humanität, Bejahung des Barbarischen, wenn um des nationalen Aufstiegs willen notwendig; damit verbunden „Pflege der Wehrhaftigkeit" mit allen Mitteln.

A. Paul Weber stand nicht an – dieses kleine Intermezzo noch, bevor mit Niekisch fortgefahren wird, auch damit deutlicher wird, welcher couleur tatsächlich dieser „Widerstand" war –, A. Paul Weber stand nicht an, seinen Teil zum „Grenzkampf des deutschen Volkes" beizutragen, indem er 1932 neun Holzschnitte zu diesem Thema gestaltete. *(Abb. 11.1 u. 11.2)*

Im Vorwort (von H. Baethge) zu „Grenzland" heißt es:

> „Grenzland" setzte A. Paul Weber als Leitwort über die neun Holzschnitte, die er uns mit dieser Mappe in die Hände legt. Sie sind der Versuch einer Sinndeutung des Geschehens, das wir als Deutsche seit 1918 in besonderer Unmittelbarkeit und in seiner ganzen vernichtenden Härte immer wieder erlebt haben, des Grenzkampfes. Der Grenzkampf geht aus vom Bauern und er endet beim Bauern: Grenzkampf ist Wille zur Freiheit und Herrschaft; es geht ihm um die Unversehrtheit des geistig-seelischen Heimatbereiches, des Urerbes aus Urvätertagen und um die Freiheit und Weite der bluterfüllten und erdhaften Heimat. […]

„Harte Jugend". Auf den Ländern... liegt die ganze ...
deutſchen Schickſals. Weil ſie Deutſche ſind, müſſen ſie kämpfen oder
werden mit Füßen getreten.

„Der Überfall". Immer ſtehen Bauernkraft und Volkstum im Grenzland in der Gefahr ausgelöſcht zu werden; nur der Wille zum Kampf
und die Kraft, ſich ſelbſt zu ſchützen, kann davor bewahren.

„Die Grenze". Die zerriſſenen Schienen, die Brückenſtümpfe, die Öde
der ſterbenden Landſchaft, der Raubwächter: ſie alle zeugen davon, daß
brutale Gewalt, Vernichtungswille und mörderiſcher Haß die Grenze
gezogen haben.

„Abgeſchlagen". Die Arbeit am Werk, die Familie, jede Lebens-
ordnung im Grenzland ſtehen unter der Geſetzmäßigkeit des Feldlagers;
es gibt nichts, das nicht „politiſch" wäre und ſich ſeiner Freiheit nicht
wehren müßte.

„Das Ende". Der Kampf geht um das Erbe deutſcher Geſchichte,
um die Zukunft deutſcher Geltung. Die Vernichtung des deutſchen Grenz-
landbauern bedeutet die Auslöſchung deutſcher Geſchichte im Grenzland
und die Beſeitigung des deutſchen Antlitzes der Scholle. – Das Grenzland ſelbſt kämpft längſt gegen das „Ende".   Heinz Baethge

        „Wir woll'n die Hütten grau und alt
        an Fremde nicht vererben.
        Wir woll'n auf deutſcher Väter Land
        deutſch leben und deutſch ſterben."

Abbildung 11.1

Abbildung 11.2

Die Holzschnitte sind von A. Paul Weber als Bausteine für den deutschen Grenz-kampfbund geschaffen; sie sollen eine Ausweitung der Tätigkeit dieses Trägers des deutschen Grenzkampfgedankens ermöglichen. [...]

Auf den Kindern liegt die ganze Härte grenzdeutschen Schicksals. Weil sie Deut-sche sind, müssen sie kämpfen oder werden mit Füßen getreten. [...]

Der Kampf geht um das Erbe deutscher Geschichte, um die Zukunft deutscher Geltung. [...]

> Wir woll'n die Hütten grau und alt
> An Fremde nicht vererben.
> Wir woll'n auf deutscher Väter Land
> Deutsch leben und deutsch sterben.

Missbrauch? Versehen? Jugendsünde? Unkenntnis?

Wohl kaum, handelt es sich doch diesmal nicht um Illustrationen zu einem Text, den Autor und Zeichner je anders verstanden wissen wollten, sondern um We-bers ureigenstes Produkt in Gestalt dieser Mappe, der textlich lediglich dieses Vorwort (s. Abb.) beigegeben ist.

*

Abbildung 12

Doch zurück zu Ernst Niekisch und seinen Publikationen im „Widerstands"-Verlag. Ich folge, wie gesagt, der Argumentationslinie eines Historikers, die dieser in Bezug auf Niekisch, Weber und den „Widerstands-Verlag" 1982 entwickelt hat, und zitiere:

> Weber illustrierte zahlreiche Bücher des „Widerstands-Verlags". [Hier veröffentlichten auch jene völkischen Autoren, die bereits erwähnt wurden.] Ab 1931 war er mit Niekisch zusammen sogar Herausgeber der Zeitschrift „Widerstand". 1932 illustrierte er Niekischs „antifaschistisches" Pamphlet: „Hitler – ein deutsches Verhängnis". *(Abb. 12)*

> Die hierfür von Weber verfertigten Zeichnungen werden noch heute als Beleg für seine antifaschistische und humane Gesinnung angeführt. Ja, Weber werden geradezu visionäre Fähigkeiten attestiert. Betrachtet man die sechs Zeichnungen gewissermaßen ganz naiv und beeindruckt davon, daß es schon vor 1933 einen Widerstands-Verlag gegeben habe, so erscheinen sie einem als zweifelsfrei antifaschistisch. Da sind z.B. die Nazis als Todesbringer, Hitler als Seifenblase und die deutsche Zukunft als Massengrab dargestellt. Und doch kann es einen nur grausen angesichts des hier herrschenden „Antifaschismus", wenn man den Kontext zur Kenntnis nimmt.

> Nehmen wir das bekannteste Bild aus dieser Reihe, das Massengrab, heute bekannt unter dem Titel „Das Verhängnis". Es ist das Hauptbild des ganzen Buches, hier kulminiert die zentrale Aussage des Textes von Niekisch. Wenn Hitlers Bewegung – so etwa argumentieren Niekisch im Text und der Zeichner Weber im Bild – die deutsche Führung übernimmt, dann wird es nach kurzem täuschenden Aufstieg einen rasanten Abstieg in die nationale Bedeutungslosigkeit geben; denn Hitler ist kein Führer. Er buhlt um die Gunst des Volkes, wo es doch darauf ankommt, mit harter Hand auch gegen das Volk zu regieren. Das aber kann Hitler nicht, weil er Faschismus mit dem Römisch-Katholisch-Westlichen (das ist bei Niekisch ein einziges Konglomerat) und folglich auch mit dem Demokratismus verbündet hat. Faschistischer Gruß und prozessionsähnliche Umzüge mit Hakenkreuzstandarte als Reliquien sind nur ein Ausdruck dessen. Das Ende dieser faschistisch-katholisch-römisch-westlichen Prozession ist sinnbildlich das Grab für die deutsche nationale Revolution. Zitat: „Ein ermattetes, enttäuschtes, erschöpftes Volk bleibt dann zurück, das alle Hoffnung fahren läßt und müde am Sinn jeder ferneren deutschen Gegenwehr verzweifelt. Die Versailler Ordnung aber wird gefestigter sein, als sie es jemals war."

> Das Massengrab ist also eine Allegorie auf das Ende der „deutschen Revolution", eine Vorahnung von KZ und Weltkriegsschrecken jedoch ist in Niekischs Pamphlet nicht zu entdecken. *(Heiner Stud, Die Tatsachen sehen und nicht verzweifeln? In: Taz, 20.7.1982, S. 14)*

Wider allen Augenschein und späterer Umdeutungen ist dieses bekannte Blatt Webers, das sei einmal in aller Deutlichkeit gesagt, einfach kein visionärer Geniestreich eines „wachen Antifaschisten", sondern ganz im Gegenteil Ausdruck einer radikaleren Variante der nationalsozialistischen Ideologie. Eine Ahnung von KZ und Kriegsschrecken ist nicht nur nicht zu entdecken, sondern die ihnen vorangehende ideologische und praktische Destruktivität wurde auch vom „Widerstands"-Kreis in martialischer Rhetorik und mit einer starken antisemitischen Komponente gefordert, bevor die späteren Vollstrecker auch nur die Möglichkeit hatten, sie zu realisieren.

So heißt es im 3. Heft des „Widerstand" von 1930 unter der Überschrift „Die Juden":

> Es ist merkwürdig, wie noch in unserer Zeit der wachen, kontrollierenden Bewußtheit irreführende Behauptungen, [...] die dem offenkundigen Augenschein täglich geradezu aufreizend widersprechen, sich Anerkennung verschaffen, es ist, als strahle die Unverschämtheit, mit der man sie aufstellt, überzeugende Kraft aus.

> Der Jude will verbergen, was jeder Blick auf ihn bestätigt: daß er ein Mensch anderer, fremder Rasse ist; er will den Eindruck seiner Sechsernase, seiner seltsam wunderlichen Bewegungen verwischen, indem er immer wieder keck und unverfroren betont, solche Gegebenheiten und Sichtbarkeiten seien ohne Beweiskraft. Nur durch den religiösen Glauben, nicht durch seine Leiblichkeit und sein Geblüt, unterscheide er sich von germanischen Menschen. Man begreift den Eifer seiner Irreführung: Würde das Wirtsvolk im starken Gefühl der jüdischen, fremden Art leben, dann würde es Anstalten treffen, dem jüdischen Einfluß innerhalb des öffentlichen Lebens zu begegnen. Es würde sich fernerhin von Juden ebenso wenig beherrschen lassen wie von Eskimos, von Feuerländern oder von Buschmännern.

Das Blatt „Das Verhängnis" findet sich auf Seite 11 des 1932 erschienenen Buches „Hitler, ein deutsches Verhängnis", in dem es 2 Seiten vorher – wieder muss man sich Bild, Text *und Kontext* vor Augen führen – über die von Niekisch beklagte „Vermünchenerung" des deutschen Nationalismus durch Hitler heißt:

> Hinter ihr versteckt sich ein gebrochenes deutsches Rückgrat. Er ist denaturierter Nationalismus für deutsche Haustiere, die noch darauf halten, den Schein der Wildheit zu wahren.

Und eben diese führerlosen, denaturierten Haustiere sind es, die den Untergang und das Ende der deutschen nationalen Revolution bedeuten; die in das ihr – der nationalen Revolution – von Hitler bereitete Grab marschieren. Denn, noch einmal, Hitler ist kein Führer, seine Sendung

> kann nicht sein, den deutschen Aufstand zum Erfolg zu führen, gelangte er an dessen Spitze. *(S. 9)*

> Er läßt erkennen, was im Volke vorgeht, er geht indes dem Volk nicht voran. [...]

> Der Nationalsozialismus gliedert sich dem herrschenden außen- und innenpolitischen System ein; er entsagte dem Ehrgeiz, es zu zertrümmern. [...]

> Die nationalsozialistische Jugend wurde zum leidenden Helden einer der erschütterndsten deutschen Tragödien. Sie wollte kämpfen, sterben und siegen. Jetzt aber soll sie bloße Wahlgefechte schlagen und abstimmen. [...]

> Die Zukunft zeigt ein grauenvoll isoliertes Deutschland, das von Kräften der Auflösung und des Verfalls überspült ist. [...] In dieser Lage gibt es keine Politik rei-

cher nationaler Erfolge; Rückschlägen, Verlusten, Mißhandlungen ist nicht zu entgehen. *(S. 34)*

Der Abgrund also der der f ü h r e r losen Massen, das Grab – das der „deutschen nationalen Revolution".

Von „Antifaschismus" also keine Spur, ganz im Gegenteil: die Niekisch-Fraktion wirft Hitler vor, nicht 1930 – schon – geputscht zu haben; denn: „er versäumte den Zahltag [...]; alle verstörten Demokraten erwarteten damals, daß er noch in der Nacht marschieren werde, [...] er marschierte nicht, sondern watete in den Sumpf des Parlamentarismus." *(Niekisch, S. 34)*

Dieser Art also war der „Widerstand" des Widerstands-Verlags.

Aus *diesen* Gründen war der Konflikt mit den an der Macht befindlichen Nationalsozialisten unvermeidlich, die in der Tat 1934 nach dem „Röhm-Putsch" die „nationale Revolution" für beendet erklärt hatten.

1937 wird der gesamte Kern von rund 70 Leuten dieser Gruppe verhaftet. So auch Weber, dessen knapp sechsmonatige Haftzeit im Gefängnis in Hamburg sowie dann in Berlin und Nürnberg jedoch verhältnismäßig glimpflich verläuft. In Nürnberg habe sich Weber „eher in einem ‚anregenden Atelier' denn in einem Gefängnis aufgehalten". *(Günter Lapp zit. n. Harald Isermeyer, A. P. Weber, Die Britischen Bilder, Vaihingen-Ensingen 1983, S. 31)* Isermeyer gegenüber erinnerte Weber selbst im März 1974: „Man hat mich im Vergleich zu anderen Gefangenen gut behandelt. Das leitete sich daraus ab, daß ich vor dem Krieg einige Bekannte und Verehrer gehabt habe, die ich nun wiedertraf, z. B. als SS-Angehörige." *(ebd., S. 32)* Im KZ, wie manche Biographien wissen wollen, war er nie, und noch im selben Jahr wird er, ohne vor Gericht gestellt worden zu sein, entlassen. Im folgenden Winter 1938/39 reist er zu einem Arbeitsaufenthalt nach Florida in die USA und kehrt aus freien Stücken zurück, um den Unterhalt für seine inzwischen siebenköpfige Familie zu bestreiten.

In den nun folgenden Jahren zeichnete er unter anderem Blätter wie dieses *(Abb. 13)*: Die Abbildung aus dem Katalog der Elefantenpress von 1977 scheint Weber wiederum als Visionär auszuweisen, wenn man, was die meisten wohl tun werden, an die Gräuel in den Konzentrationslagern denkt, die allerdings zum Zeitpunkt der Entstehung des Bildes der „Öffentlichkeit" noch wenig bekannt waren.

Ganz anders als im Katalog der Elefantenpress nämlich stellt sich die Sache dar, wenn man wiederum das Blatt in seinem ursprünglichen Kontext sieht *(Abb. 14)*: Der SS-Obersturmbannführer Wilhelm Spengler schreibt am 9.8.1942 über „Volksdeutsche Schicksale" in der Zeitschrift „Das Reich", die Unterzeile informiert, wer seinen Text illustriert hat. Es geht in diesem Fall um Deportation, allerdings um die Deportation „schuldloser Volksdeutscher" durch die Sowjets nach Sibirien, von der einem deutschen Besatzungsoffizier während des

Krieges erzählt wird. Die Graphiken, die Weber beisteuert, sind – im Dienst der NS-Propaganda – gegen die Sowjetunion gerichtet, das Leichentuch jenes, das der Bolschewismus über das Land zieht.

Missbrauch? Ohne Webers Wissen? Auch ganz anders zu sehen?

Kaum, erscheint das Blatt doch ein Jahr später (1943) noch einmal im „Illustrierten Beobachter", der Bildbeilage des „Völkischen Beobachters". *(Abb. 15)* Der Kontext braucht nicht noch einmal zu entwickelt zu werden, die Bildunterschrift präzisiert:

> Wie das alttestamentarische Ungeheuer Leviathan sucht der jüdische Bolschewismus die Welt zu verschlingen. Der Meister des Zeichenstiftes A. Paul Weber entrollt in grandioser Vision Bilder dieses Chaos, das nur durch die geballte Kraft Europas abgewandt werden kann.

Abbildung 13

VOLKSDEUTSCHE
SCHICKSALE

VON H-OBERSTURMBANNFÜHRER WILHELM SPENGLER
BILDER VON A PAUL WEBER

Abbildung 14

Abbildung 15

Im Februar 1944 schließlich findet „Das Leichentuch" ein weiteres Mal Verwendung: „Die Aktion, Kampfblatt für das Neue Europa" – ebenfalls aus dem
Nibelungen-Verlag – bringt es zusammen mit anderen Blättern aus dem „Levia-
than-Zyklus" unter dem Titel „Die Sünde wider das Leben – Die Kunst entlarvt
den Bolschewismus" heraus. Das heißt: auch 25 Jahre nach dem Dinter-Titel
(„Die Sünde wider das Blut", vergl. Abb. 1) bewegt sich das Schaffen Webers
immer noch im gleichen metaphorischen und ideologischen Kontext. Explizit
auch wird im Text der „Aktion" würdigend Bezug darauf genommen, dass Weber der Schöpfer der „Britischen Bilder" ist. *(ebd., S. 97)*

*

„Der Hunger" *(Abb. 16)*, Nr. 68 im bekannten Katalog der Elefantenpress von
1977 – der nicht verheimlicht, dass das Motiv zuerst von 1941/42 datiert; nur,
wie sieht es da aus, und in welchem Kontext ist es erschienen? „Hauptmann Carl
Weiß" schreibt in der Zeitschrift „Das Reich" vom 22. März 1942 über seine

„Begegnung mit dem Sowjet-Dasein", und der Zeichner A. Paul Weber illustriert ganz in der Manier der damaligen antisowjetischen Propaganda diesen Artikel. *(Abb. 17.1)* Wo nachmalig eine fast skelettierte Gestalt mit letzter Kraft an einem Baum nagt *(Abb. 16)*, zeigt „das Original" von 1942 einen seinem Panzer entstiegenen Rotarmisten, kenntlich am Stern auf seinem Helm, der für das Elend des Menschen im barbarischen Reich des Feindes Sowjetunion steht. *(Abb. 17.2)* Wieder hat die Interpretation des Blattes über die Jahre unversehens eine Wandlung erfahren; war es eigentlich – klar und knapp gesagt – antisowjetische Propaganda im Dienst des NS-Regimes, so ist es nun ins allgemeinmenschliche aufgelöste Elendsallegorik.

*

Abbildung 16

LEVIATHAN
BEGEGNUNG MIT DEM SOWJET-DASEIN
VON HAUPTMANN CARL WEISS
BILDER VON A. PAUL WEBER

Kanal der Tränen

Ödes Traktor

Die Fessala

Der Hunger

Abbildung 17.1

Der Hunger

Abbildung 17.2

Abbildung 18

War dies die Form, in der A. Paul Weber seinen zeitgenössischen Betrachtern den „Feindsoldaten" präsentierte, so verfuhr er mit der Darstellung deutscher Militärs durchaus anders. *(Abb. 18)* „Der Flieger", ein Gemälde vom Februar 1941, zeigt einen kühn-entschlossen dreinblickenden Mann, der selbstbewusst vor seiner Maschine posiert. Licht auf Gesicht und rechter Hand signalisieren, dass er – ich paraphrasiere – ‚sicher keinen leichten, aber nichtsdestotrotz notwendigen Auftrag zu erfüllen hat'. Diese Mobilisierungsallegorie erscheint auf dem Titel der Zeitschrift „Das Reich", zwischen dem Bericht eines Funkers und Auszügen aus den Tagebüchern von Ernst Jünger. Darunter erscheint kursiv Poesie von „Soldat H. Ch. Menke", der die Empfindungen „Wartender Soldaten" in die Verse fasst:

> Die unerlöste Zeit, sie wartet unsrer Tat,
> und wir, bereit, gebändigt, harren in der Stummheit,
> Entschlossene.

Mit Kontext und Symbolik des Bildes stellt sich A. Paul Weber hier, das sei noch einmal klar gesagt, in den Dienst der nationalsozialistischen Ideologie.

*

Im März 1941 erscheint im 5. Jahrgang, Folge 3, die Zeitschrift „Die Kunst im deutschen Reich"; herausgegeben vom „Beauftragten des Führers für die Überwachung der gesamten geistigen und weltanschaulichen Schulung und Erziehung der NSDAP"; im „Beirat" „Reichminister Todt", „Generalbauinspekteur für die Reichshauptstadt Albert Speer" und andere. „Beauftragter des Führers" war Alfred Rosenberg, ehemaliger Chefideologe der NSDAP und Autor des pseudophilosophischen Werkes „Mythus des 20. Jahrhunderts", in dem er die Lehre von der „Überlegenheit der germanischen Rasse" mit beispiellosem nationalistischen und antisemitischen Fanatismus propagierte. 1939 richtete Rosenberg in Frankfurt ein „Institut zur Erforschung der Judenfrage" ein, dessen Aufgabe die Plünderung von jüdischen Bibliotheken und Archiven war. Seit Oktober 1940 beschlagnahmte ein eigener „Einsatzstab Reichsleiter Rosenberg" mit Unterstützung der Wehrmacht die Kunstschätze Frankreichs sowie anderer besetzter Länder und brachte sie nach Deutschland. Ab November 1941 war Rosenberg als „Reichsminister für die besetzten Ostgebiete" mitverantwortlich für die Politik der Ghettoisierung und die Vernichtung der Juden. Die Seiten 88 bis 95 der von Alfred Rosenberg herausgegebenen Publikation enthalten einen Bericht über A. Paul Webers Veröffentlichung „Britische Bilder", die mit 45 „Politischen Zeichnungen" kurz zuvor in Berlin erschienen war. *(Abb. 19)* Der Kommentar zu den Bildern schließt mit den Worten: „Diese Zeichnungen sind durch ihren rücksichtslosen Realismus, durch ihre visionäre Bildkraft, durch ihre sicher gemeisterte Technik überzeugende Anklagen in unserem Kampf gegen das plutokratische England." *(ebd.)*

Abbildung 19

Bevor ich nun wieder anführe, dass die Gesichter Judennasen haben und der kapital- und kolonialkritische Aspekt elementar mit antisemitischer Motivik verbunden ist, möchte ich die eben zitierte Einschätzung mit einer anderen verbinden, die von einer Zeitzeugin stammt. Es ist Eva Sternheim-Peters, die mit ihrem Buch „Die Zeit der großen Täuschungen – Eine Jugend im Nationalsozialismus" *(Köln 1992)* den Versuch einer Offenlegung ihrer damaligen eigenen psychischen und weltanschaulichen Dispositionen unternommen hat. Sie erinnert sich, auf ihren „Jungmädel-Führerschulungen" 1943 erstmals Graphiken von A. Paul Weber gesehen zu haben. [Dass sie ihre Erinnerung nicht trügt, bezeugt auch Noll *(Anm. 2, s. u.)*, der für Juli 1943 die „Präsentation politischer Zeichnungen Webers in Braunschweig" an der „höchsten Führerschule der HJ zur Ausbildung des hauptamtlichen Führernachwuchses" *(425/5)* belegt.] Sie fasst ihre Eindrücke von damals in die Worte:

Es gab eine Zeit in Deutschland, da wurde aus dem „germanischen Brudervolk England", (das es einmal gewesen sein sollte,) eine von jüdischem Händler- und Krämergeist verseuchte kriminelle Bande. Da wurde aufwendig gestaltetes Schulungsmaterial kostenlos verteilt, in dem die Verbrechen der britischen Kolonialgeschichte detailliert […] dargestellt wurden. Und A. Paul Weber schuf seine „Britischen Bilder" unter dem Titel „England, der Totengräber der kleinen Nationen – Ein Künstler entlarvt Englands Verbrechen." Und er vergaß dabei nicht den fetten jüdischen Börsenmakler, der sich im Hintergrund profitmachend die Hände reibt. Wen wundert es, daß ihm die offizielle nazistische Kunstkritik den „Weltrang" eines Daumier, Doré und Goya zusprach?

Aber damals, im Jahre 1941, war England für viele verfolgte und verjagte Antifaschisten ein Hort der Freiheit, der Demokratie und der Humanität. Und einige Jahre später waren die vorrückenden englischen Truppen die einzige Überlebenschance der im Lager Bergen-Belsen Inhaftierten.

Welche moralische Aufrüstung, welchen Nutzen brachte da die Anprangerung britischer Kolonialgreuel zu diesem Zeitpunkt dem antifaschistischen Widerstand in Deutschland? Es gibt eine Generation in Deutschland, der läuft es eiskalt den Rücken hinunter, wenn ihr A. Paul Weber nun als antifaschistischer Widerstandskünstler zusammen mit Grosz, Dix und Kollwitz präsentiert wird. Und diese Generation bleibt skeptisch auch gegenüber dem Werk Webers nach 1945.

Zwar stimmen jetzt die Symbole und Unterschriften, aber die Gestalten sind aus der altbekannten Mottenkiste und die Chiffren für die unterdrückten Volksmassen im faschistischen Chile, im Griechenland der Obristen, im Franco-Spanien sind noch immer das gleiche ekle Gewürm, [Eva Sternheim-Peters schrieb das 1979 mit Blick auf die damalige politische Situation und ihre Kommentierung durch Webers Zeichnungen – die Chiffren also sind noch immer die gleichen, (TD)] dieselbe blinde, gesichtslose, dumpfe Masse, aus der keine revolutionäre Kraft zu erwarten ist. *(Eva Sternheim-Peters, A. Paul Weber und die Nazis, Frankfurter Rundschau v. 4.7.1979)*

Das heißt auch: hier konvergiert Webers Kritik der „Masse" von 1979 mit seiner und Niekischs Liberalismuskritik vom Anfang der 30er Jahre, hier schließt sich der Kreis.

Eben diesem „eklen Gewürm" *von Menschen,* wie es wieder und wieder bis in seine späteste Graphik hinein Webers Welt bevölkern sollte, eben diesem „eklen Gewürm" hat Weber dann doch ein Gesicht gegeben, nämlich in seinem wohl bekanntesten und gefeiertsten Blatt „Das Gerücht". *(Abb. 20)* Noch einmal Eva Sternheim-Peters, die auf ihren „NSDAP-Mädchen-Führerschulungen" dieses Blatt zuerst gesehen hatte. *(Es ist 1943 im Simplicissimus, 48. Jg., Nr. 1, er-schienen.)* Sie erinnert sich:

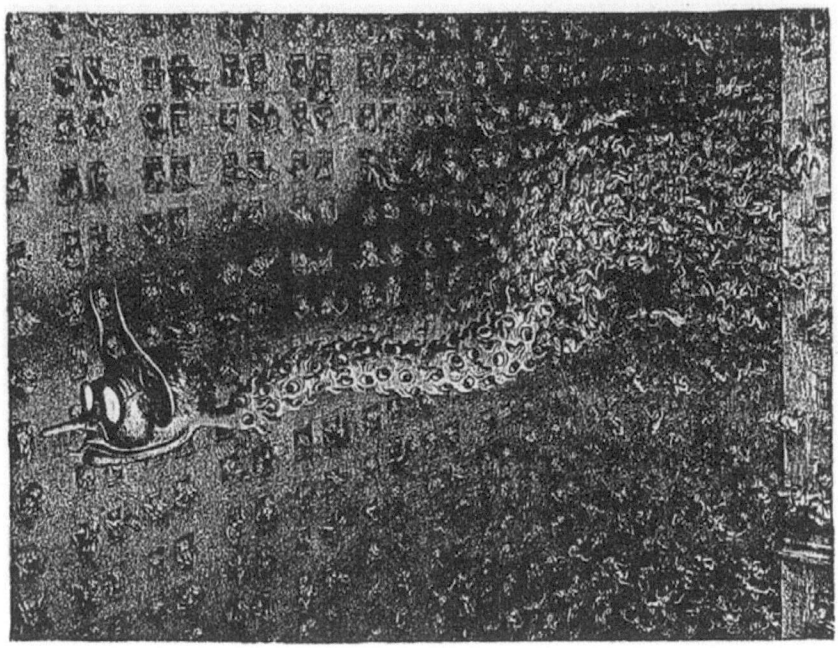

Abbildung 20

Es gab eine Zeit in Deutschland, da hatte die Wahrheit nur die Chance, als Gerücht verbreitet zu werden. Da waren Gerüchte die einzige Hoffnung der Verfolgten, Eingekerkerten, vom Tode Bedrohten in Zuchthäusern und Konzentrationslagern. Und diese Gerüchte begannen gefährlich zu werden nach dem Untergang der 6. Armee in Stalingrad. Die durch die Blitzsiege begünstigten Techniken des Überhörens, Übersehens, Nicht-zur-Kenntnis-nehmens begannen sich abzunutzen. Der Radioknopf wurde nicht mehr so selbstverständlich weitergedreht bei dem Signalton des Londoner Rundfunks, und die Nazis hatten allen Grund, gegen Gerüchte und Gerüchteverbreiter [...] vorzugehen. In jenem Jahr 1943, in dem die Geschwister Scholl hingerichtet wurden, schuf A. Paul Weber seine bekannte Graphik „Das Gerücht" mit der Aussage: Gerüchte sind widerliche, bösartige Lügen. Wer auf sie hört, wer in ihren Sog gerät, ist verloren. Welchen Trost, welche Ermutigung konnten antifaschistische Widerstandskämpfer [– für deren Belange Weber ja nachmalig reklamiert wurde?] hier herauslesen?

Wen wundert es, dass diese Zeichnung von den Nazis begeistert „missbraucht" wurde?

(Eva Sternheim-Peters, ebd.)

*

Die hier entwickelte Lesart wäre also nicht die erste und schon lange nicht die einzige, die auf „Webers Wandlungen" hingewiesen hat. Es sind indes nicht bloß historische Wandlungen und als solche im besten Falle vielleicht noch von hermeneutisch-kunstgeschichtlichem Interesse, sondern solche, wie zu Anfang betont, die im Grunde genommen erst durch ein Spiel mit Rezeptionshaltungen in Gang gekommen sind. Genauer gesagt: die verdeckte Umdeutung stellt sich teils willentlich, teils unwillentlich in den Dienst einer manipulierten Tradition und transportiert dabei ikonographische Inhalte, die ihren eigentlichen – oft wohlmeinenden – Absichten diametral entgegensteht. Charakteristisch für so viele unbedachte Wertungen Webers bis heute ist es, wenn etwa Prof. Uwe Danker von der Universität Flensburg, Direktor des Instituts für Schleswig-Holsteinische Zeit- und Regionalgeschichte, in der „Jahrhundert-Story" im Quickborner Tageblatt *(vom 24.4.99)* mit nicht zu übersehendem lokalpatriotischen Stolz die Graphiken Webers aus dem Widerstandsverlag anführt und schreibt:

> Zum Zyklus gehört die heute weltberühmte Radierung „Das Verhängnis", in der eine willenlose Masse unter Hakenkreuzfahnen in einen Sarg marschiert. Die Radierungen nehmen einzigartig treffend Weg und Verhängnis des Nationalsozialismus vorweg.

Es ist dies eine ausgesprochene Fehleinschätzung, was Danker auch, der doch wenige Zeilen vorher die Opposition des Niekisch-Kreises gegen die Weimarer Republik und gegen die ihm zu wenig entschiedenen und schlagkräftigen Exponenten des Nationalsozialismus ganz richtig beschreibt, hätte wissen können. Auch in der Internet-Version der „Jahrhundert-Story", die ein „digitales Museum aus und über Schleswig-Holstein" sein möchte, prangt unter dem Zwischentitel „NS-Barbarei", wie sollte es anders ein, wieder der Webersche Sarg mit den marschierenden Massen, unmittelbar unter dem gleichlautenden obigen Text Dankers. Dass der indes *(im Quickborner Tageblatt vom 26.1.2000)* zum Vorhaben des Schleswig-Holsteinischen Instituts für Zeit- und Regionalgeschichte, sich „vor allem mit der Aufarbeitung der Nazi-Diktatur" zu beschäftigen, betont: „Dazu gab es erhebliche Forschungsdefizite im Lande" *(Danker ebd.)*, kann man aus dieser Perspektive nur bestätigen. Ich will ihm wie vielen anderen Weber-Apologeten nicht die guten Absichten absprechen oder gar der Legitimation nationalistischen Gedankenguts bezichtigen, aber es scheint, als wenn viele sonst noch so wache Köpfe in Bezug auf die suggestive Allegorik Webers blind sind.[2]

Es scheint, als wenn gewisse Mentalitätsmuster der „nationalrevolutionären Bewegung" der 20er und frühen 30er Jahre immer noch mit einem Großteil der heute herrschenden Auffassungsformen – insbesondere im ästhetischen Bereich – übereinstimmen. Antiliberalismus, Antiparlamentarismus und Autoritarismus gehören zwar nicht mehr zum bewussten kognitiven Haushalt zeitgenössischen Staatsbürgertums und linker Aufklärungs- und Emanzipationsbestrebungen, verbleiben aber sozusagen als ästhetisches Residuum in einer kritisch-spielerisch gehandhabten Reserve. Aus ihr (zumal zu aufklärerisch-erzieherischen Zwecken) sich zu bedienen gleicht dem Versuch, den Reichsadler aus dem Inventar des Militaria-Ladens für die Friedenstaube auszugeben. Die Sprache der Ikonographie aber wirkt gerade im erzieherischen Prozess und bei der ersten politischen Sinnbildung oft stärker als Worte. Es würde dabei zunächst also zu einem verantwortlichen Umgang mit der Herausbildung und Förderung solcher Sinnbildungsprozesse gehören, tatsächlich anregende und eigenständiges Denken mobilisierende Motive zu verwenden: es ist schon wichtig, womit jemand anfängt zu „lesen". An der „Jahrhundert-Story" des Instituts für Zeit- und Regionalgeschichte Schleswig-Holsteins indes beteiligen sich mehr als 200 Schulen, die dazu kostenlos begleitendes Unterrichtsmaterial erhielten. So wird ein weite-

---

2 Dass man indes in Schleswig-Holstein bereit ist, sich solche Um- und Fehldeutung dennoch auch etwas kosten zu lassen, wurde noch 1995 demonstriert: „1986 erwarb die Kulturstiftung [des Landes Schleswig-Holstein] für das A. Paul Weber Museum in Ratzeburg 41 Originalzeichnungen der für den Druck bestimmten ‚Britischen Bilder' sowie 41 Entwürfe und Varianten dazu, die sogenannten ‚Entstehungsblätter'. Bei den ‚Britischen Bildern' handelt es sich um eine außerordentlich wichtige Werkgruppe im Gesamtwerk A. Paul Webers. Die Blätter sind das einmalige Zeitdokument eines Künstlers, der den englischen Verhältnissen zwischen 1938 und 1941 aus deutscher Sicht eine eigene Deutung gab. Darin liegt eine ambivalente politische Brisanz. Spielt A. Paul Weber mit der Brandmarkung der imperialistischen englischen Verhältnisse indirekt auf die deutschen Zustände an? Die ‚Britischen Bilder' sind ein eindrucksvolles Zeugnis dafür, wie unter Bedingungen der Diktatur verschlüsselt gearbeitet werden muß." *Aus: Engagement für Kunst und Kultur in Schleswig-Holstein, Hg. v. d. Kulturstiftung des Landes Schleswig-Holstein, 1995, S. 30.* Warum, so bliebe zu fragen, geschah dies aber unter Verwendung antisemitischer und rassistischer Allegorik? *(vgl. Abb. 18)* – Ich verdanke diesen Hinweis Frau Dr. Frauke Dettmer vom Jüdischen Museum – Dr.-Bamberger-Haus – Rendsburg. Prof. Dr. Danker hat seine Auffassung später erläutert und klärend bei der Aufbereitung der hier in Rede stehenden Sachverhalte mitgewirkt.

res Mal aus Weber als einem Exponenten einer fragwürdigen Tradition der „Warner und Mahner", als der er nun seit Jahrzehnten geschönt jeder neuen Generation vorgestellt wird.

Es fehlt offenkundig der andere Blick, der Vergleich, mithin das Bewusstsein der Differenz auch zu anderen Künstlern dieses Genres, was Weber schließlich so einzigartig, und das seltsamerweise gerade in seiner vermeintlichen Totalitarismuskritik, erscheinen lässt. Denn die Mär vom totalitarismuskritischen Weber wird immer wieder aufgelegt. Erst kürzlich noch präsentierte die A.-Paul-Weber-Gesellschaft in Ratzeburg die gegen die Sowjetunion gerichteten Blätter, deren einige oben – inklusive ihrer Wandlungen – beschrieben worden sind, in einer kompletten „Leviathan-Mappe" ihrem Publikum. Und obwohl Weber, was man dort nicht verheimlicht, am 15. Februar 1942 an seinen Malerfreund Alf Depser schreibt: „Ich sitze an Zersetzungspropaganda gegen unsere lieben Sowjets." Und noch 1978, wiederum brieflich, formuliert er: „Auch die Annahme, ich hätte die Englandbilder dem Hitler zur Propaganda gearbeitet, ist dummer Kohl, haben Millionen Soldaten dem Adolf zuliebe geschossen, die Bomben geworfen, getötet, oder taten sie es für Deutschland?"

Trotz alledem also gerät Weber immer wieder zum engagierten Humanisten, bei dem hinreichend überzeitliche Bezüge die Allgemeingültigkeit seiner Kunst zu bestätigen scheinen. So zuletzt der Kustos des A.-Paul-Weber-Museums in Ratzeburg, Klaus J. Dorsch, und Alvaro Rebolledo-Godoy im Vortrag auf der Jahresversammlung der A.-Paul-Weber-Gesellschaft in Ratzeburg am 10.4.1999. Es wäre indes verfehlt, den Ratzeburger Weber-Kennern oder auch dem Herausgeber der Werkverzeichnisse, Helmut Schuhmacher, vorzuwerfen, sich gegen die kritischere Sicht der Dinge generell zu sperren: gerade sie haben sich im Vorfeld dieser Veröffentlichung diskussions- und kooperationsbereit gezeigt und angedeutet, dass in einer dort erstellten neuen Weber-Biographie auch die hier entwickelten Zusammenhänge keineswegs ausgespart bleiben werden.[3] Es scheint, als

---

3 Darüber hinaus hat der Kunsthistoriker Thomas Noll in einer umfassenden Arbeit lange vor der vorliegenden Veröffentlichung – die insofern keine Originalität beansprucht – beinah alle hier entwickelten Zusammenhänge rekonstruiert und bei seiner Rekapitulation der Rezeptionsgeschichte auch keineswegs die kritischen Stimmen ausgespart. *(Thomas Noll, Zwischen den Stühlen. A. P. Weber – Britische Bilder und ,Leviathan' -Reihe. Münster/Hamburg 1993)* Da zum einen der Tenor von Nolls Argumentation dem entspricht, was auch im Ratzeburger Weber-Haus Konsens zu sein scheint, zum anderen aber an ihr auch demonstriert werden kann, unter welchem Legitimationsdruck zu prekärsten „Begründungen" gegriffen wird, sei die zentrale Passage Nolls zu diesem Thema zitiert:
„Die frühe Zeichnung verlangt ein ergänzendes Wort zur Physiognomie der Gestalt. Unverkennbar trägt diese [...] solche Züge, die dem Aussehen des Juden in antisemitischen Bildwerken entsprechen. Seine Erscheinung ist hier keine Ausnahme, vielmehr kehrt die jüdische Physiognomie allein im ,Zeitgenossen' mehrfach wieder und meint, als Typus, zumal das Händlertum, ,die Schicht, die alle Dinge nach dem Börsenwert einschätzt und die Wirtschaftsmacht erobert hat.' [Kutzleb] Sie meint als Vertreter des Liberalismus allgemein den Antityp all jener Menschenwerte, für die im ,Zeitgenossen' Kutzleb und Weber eintreten. Dabei kommt unverhohlen ein rassisches Gewissen zur Sprache, das Höher- und Minderwertigkeit, gesund und krank, deutsch und undeutsch etc. zu

wenn eher als die eigentlichen Sachwalter Webers manche seiner liberalen und linken Apologeten Schwierigkeiten bei der Herausbildung eines umfassenden Bildes haben. Sie nehmen damit die unbewusste Tradierung von ikonographischen Inhalten in Kauf, die ihren bewussten Intentionen zuwider streben. Denn Weber ist das eine Problem, das andere seine Rezeption.

Dabei hat es an kritischen Stimmen nicht gemangelt. Der ehemalige Direktor der Hamburger Kunsthalle, Uwe M. Schneede, attestierte Webers Arbeiten am 20.12.1980 in der FAZ unter dem Titel „Bürgers Spaß statt Bürgers Schreck", aus bekannten Phrasen- und Floskel-Repertoires zu schöpfen und dabei Vorurteile eher zu bekräftigen, „als zu diagnostizieren und zu analysieren. Ich fürchte", fügt er hinzu, "eben darauf basiert seine Popularität." Schneede begründet:

Mit seiner überschüssigen Bildsprache zeichnete und malte er alles doppelt und dreifach aus. Die Abgründe verlieren sich in der Vervielfältigung der Aussage. Die Kritik verdirbt sich selbst, weil sie die tätige Phantasie (die lustvoll-leidende Erkenntnis) des Betrachters außer Kraft setzt. Wo wachgerufen werden sollte, wird zugedeckt.

Sein Repertoire war das der Fabeln, der Sprichwörter, der Denkklischees. Der Tod erscheint als Knochenmann, die List als Fuchs, die Dummheit als Nürnberger Trichter. Esel, Ochse, Gans stehen für das, für das sie im Sprachgebrauch seit langem stehen. Ratten, wie sollte es anders sein, verkörpern den Bolschewismus. Im übrigen sind die Popen fett, die Denunzianten haben überlange Ohren, die Schnüffler und die Kunstexperten statt Nasen Rüssel, die Frauen, wenn sie nicht gerade tratschen, fressen Konfekt oder vertreiben im Zuge der Emanzipation die Männer mit Besenschlägen, die Kunstbetrachter haben Stielaugen und sind blind, Festredner haben Bretter vor dem Kopf, Politiker sind Marionetten und Nussknacker, das Volk ist dick und dumm. Ein „zeichnender Diagnostiker" wird er [...] genannt. Ich behaupte das Gegenteil. Diagnose setzt voraus, dass man sich auf den Befund einlässt. Weber aber setzte Phrasen, Floskeln, Klischees [...] ins Bild, wiederholt sie gedankenlos und zeichnete dergestalt die Wirklichkeit weg. Wir erfahren nicht, was zum Vorschein gebracht werden muss, sondern was wir längst wissen.

*

Am dezidiertesten aber hat Bernd Bornemann in einem Aufsatz „Zur Bildsprache der Britischen Bilder" nachgewiesen, aus welchem Fundus Weber schöpft. *(In: Nordelbingen. Beiträge zur Kunst- und Kulturgeschichte, Sonderdruck aus Bd. 55, Heide in Holst. 1986)* Bornemann unterscheidet bei seiner Untersuchung der Bildsprache Webers „Bild-Muster" von „Bild-Ideen". Erstere sind überlieferte Bildformeln und ikonographische Entlehnungen, die zweiten originäre Bildschöpfungen Webers. Bornemann kann dabei Anleihen bei Goya, bei Grandville, bei Daumier, bei Gustave Doré und bei Käthe Kollwitz belegen, die man bisweilen mehr als nur „Anleihen" zu nennen geneigt ist. Wenn Weber deren Motive verwendet, was noch angehen mag, erzielt er aber immer wieder insbesondere durch Verwendung seiner „Strichelungs- und Schraffurtechnik [...] dunkle Töne von suggestiver, fast magischer Wirkung", die Bornemann zu Recht „Bedeutungs-Dunkel im wahrsten Sinne" nennt. Er charakterisiert den Stil Webers als „deskriptiv-symbolistisch [...] an der Grenze zur Sentimentalität" *(ebd. S. 199)* und formuliert schließlich im Vergleich – Bornemann hat den anderen, differenzierteren Blick – bündig die These: „Goya gibt den unsichtbaren dämonischen Mächten sichtbare Gestalt, Weber dämonisiert die sichtbaren gesellschaftlichen Mächte." *(ebd., S. 195)*

Aus diesen Gründen und seines nationalistisch-antisemitischen Engagements halber ist Weber als Aushängeschild und Künstler des „antifaschistischen Widerstands" nicht zu reklamieren. Seine Motive sind, wo nicht anderen Werken entnommen, wandelbar und passen sich dem Zeitgeist an. Der Impuls für seine „kritischen" Arbeiten der 60er und 70er Jahre, die viele so schätzen, stammt aus dem nationalrevolutionär-antidemokratischen Engagement der 20er Jahre mit seiner gewalttätig-protofaschistischen Grauzone. Weber hat daher, wie die beliebige Variierbarkeit seiner Allegorik bezeugt, seine Positionen nie geändert, sondern nur immanent erweitert. Diese Tradition aber unablässig zu zitieren, trägt nur dazu bei, jene vergessen zu machen, die sie hat vernichten wollen.

– *Mühsam und so weiter, was waren **das** für Namen ...*

2

Es gibt Mythen, die sind so zählebig, dass sie noch aus ihrer Widerlegung die Kraft zum Fortbestehen ziehen. Keine Analyse, kein Beweis kann ihnen etwas anhaben. Sind alle Fragen gestellt, alle Argumente vorgetragen und alle Diskussionen durchlaufen, stehen sie auf und erklären: das Gegenteil ist der Fall.

Nun ist es freilich nicht leicht, aus einem Antisemiten, der sich über 25 Jahre immer wieder mit drastischen judenfeindlichen Elaboraten hervorgetan hat, einen Freund der Juden zu machen. A. Paul Weber aber ist dies widerfahren. Dazu bedurfte es einiger Winkelzüge, die ihm selbst möglicherweise gar nicht einmal eingefallen wären. Es oblag seinen nochmaligen Deutern, in den Eingeweiden und im Vogelflug zu lesen, statt der Sprache der Fakten zu glauben. Mit dem sprichwörtlichen Augurenlächeln auf den Lippen, dem Lächeln der Eingeweihten, treten sie dann an die Öffentlichkeit und tun kund, was ihnen jeweils opportun erscheint: die ganze oder die halbe Wahrheit, ein Quäntchen Einsicht oder halt – ein neuer Mythos.

Doch lassen wir die Mythen, und halten wir uns an die Tatsachen. Die Erich-Mühsam-Gesellschaft hat im vergangenen Jahr ein Heft publiziert, in dem nicht zum ersten Mal – gegen den Grafiker A. Paul Weber der Vorwurf des Antisemitismus erhoben wurde. Dieses Heft stieß auch auf das Interesse des Cloppenburger Weber-Sammlers Peter Sobetzky-Petzold, der am 7. November 2000 an mich, den Autor, schrieb:

Sehr geehrter Herr Dr. Dörr,

Schade, daß Sie das umseitige Bild nicht in Ihrer […] Schrift „Mühsam und so weiter, was waren das für Namen ..." aufgenommen haben. Es befindet sich im Archiv des A. Paul Weber Museums Ratzeburg. Ich bitte freundlichst um Kontaktaufnahme.

Peter Sobetzky-Petzold

In einem zweiten Brief vom 4.12.2000 drückt Herr Sobetzky-Petzold sein Erstaunen darüber aus, dass der Direktor des Ratzeburger Weber-Museums, Herr Dr. Klaus J. Dorsch, mich nicht auf dieses Blatt aufmerksam gemacht hätte. Denn er selber, Sobetzky-Petzold, habe sein Sammler-Exemplar dieser Schrift 1992 an das Haus in Ratzeburg abgegeben, um es der Öffentlichkeit zugänglich zu machen.

Wenn es nun auch nicht primär Aufgabe dieses Hauses sein mag, seine Kritiker gewissermaßen über belastendes Material in Kenntnis zu setzten, so kontrastierte doch der Verbleib dieser Grafik und die Kenntnis von ihr im Ratzeburger Haus augenfällig mit der mir gegenüber abgegebenen Versicherung seines Direktors Dr. Klaus J. Dorsch, *es gäbe keine antisemitische Grafik Webers aus der Zeit nach 1933* – eine Versicherung, die immerhin dazu angetan sein sollte, die von ihm immer wieder propagierte und allseits bereitwillig akzeptierte „widerständlerische" Haltung Webers gegen das NS-Regime zu unterstreichen. Konnte Weber immer noch der aufrechte Antifaschist und Streiter für Humanität und Gerechtigkeit sein, wenn er nicht bloß in den zwanziger, sondern noch in den vierziger Jahren ein solches Blatt verfertigt hatte? Ich schickte das Bild Herrn Dr. Dorsch und bat um eine Stellungnahme.

Statt einer solchen aber kam ein Schriftstück zurück, das anstelle der erbetenen Aufklärung so viele neue fragwürdige Feststellungen enthielt, dass das eigentliche Problem eher potenziert denn geklärt wurde. Nun könnte man sich leicht ein Bild von der Sachlage machen, wenn man diesen Briefwechsel in summa dokumentieren könnte. Ich fragte bei Herrn Dr. Dorsch in Ratzeburg an, ob er mit einer Veröffentlichung einverstanden wäre, und unterbreitete ihm auch den Vorschlag der Herausgeber des Mühsam-Magazins, die Gelegenheit zu einer weiteren Stellungnahme im vorliegenden Heft zu nutzen. Ohne darauf jedoch einzugehen, versagte er die Zustimmung zur Veröffentlichung unseres Briefwechsels. Dies, obwohl er in dezidiert „offizieller Funktion" argumentiert, auf amtlichem Papier des Museums schreibt und mit vollem Titel – „Leiter der Kreismuseen Herzogtum Lauenburg" – unterzeichnet. Hinzu kommt, dass er den Brief nicht an mich als Privatperson schreibt, sondern sich an den Autor der kritischen Schrift „Mühsam usw., was waren das für Namen …" richtet, sich also des quasi öffentlichen Belanges sicher sein durfte. Sprich: es geht um den Ansatz einer Debatte, an deren Fortgang er aber offenkundig kein Interesse hat. So bleibt also nur die Möglichkeit, von ihrem Verlauf zu berichten und ihre Besonderheiten, soweit sie den Umgang des Ratzeburger Hauses mit dem in Rede stehenden Problem betreffen, zu markieren. Und derer gibt es einige. Da sie auch zur Vorgeschichte dieses Briefwechsels gehören, seien sie hier der Verständlichkeit und Übersichtlichkeit halber angeführt.

Mein Kontakt mit Herrn Dr. Dorsch als Vertreter des Weber-Museums begann damit, dass er mich, noch bevor ich auch nur eine Zeile meines kritischen Textes geschrieben hatte, an meinem damaligen Arbeitsplatz im Archiv des Hamburger Instituts für Sozialforschung anrief. Er versuchte in diesem ersten Telefonat, mich teils „einvernehmlich", teils durchaus Sanktionen in Aussicht stellend, zu beeinflussen: beschwichtigend, aber auch mahnend wies er darauf hin, dass bezüglich des Antisemitismusvorwurfs gegen Weber alles „ja längst bekannt und veröffentlicht" sei, ich solle mich nicht „verrennen" und Dinge an die Öffentlichkeit bringen, die „die Forschung" doch schon durchdrungen und gewissermaßen abgehakt habe. Schließlich führte er sogar die Bemerkung ins Feld, dass in dieser Sache auch schon einmal von Seiten der Nachfahren Webers gegen Arie Goral geklagt worden sei und dieser den Prozess verloren habe, eine Behauptung, die sich nachmalig als nicht richtig erwies und zurück genommen werden musste. Wenn nun etwas der engeren Fachwelt, allerdings auch hier verschleiernd, wie ich meine, „bekannt" gemacht worden ist, so heißt das noch lange nicht, dass auch die Öffentlichkeit in dem gebotenen Umfang Kenntnis davon erhalten hat. Das bezeugen die vielfältigen Reaktionen auf meine Schrift, die, würde es nach Herrn Dr. Dorsch gehen, ja eigentlich überhaupt kein Erstaunen mehr auslösen dürfte.

Herr Dr. Dorsch hebt in seiner Argumentation immer wieder auf seine Rolle als „neutraler" und „wissenschaftlicher Beobachter" der Sachlage ab. Er mahnt in seinem Brief an, „objektiv zu forschen und zu bewerten". Diese Mahnung kontrastiert nun allerdings stark mit seinem nicht anders als eigentümlich zu bezeichnenden „Angebot" an mich, den Text meiner geplanten Publikation '*mit Anmerkungen aus seiner Sicht zu versehen*' – so in der Tat seine damals mündlich ausgesprochene und mir schriftlich vorliegende Formulierung. Was wären das für Anmerkungen gewesen? Was wäre „seine Sicht" der Dinge gewesen, besser: was ist denn seine Sicht der Dinge? Wieso dürfen wir sie jetzt, wo er ausdrücklich die Gelegenheit und die Einladung zu einer Stellungnahme bekommen hat, nicht erfahren'? Weshalb untersagt er die Veröffentlichung seiner Darlegungen in dem besagten Brief und rekurriert statt dessen darauf, mir seinerzeit „angeboten" zu haben, meinen Text „mit Anmerkungen zu versehen"? Gehört es zu den Gepflogenheiten einer Auseinandersetzung zwischen Wissenschaftlern, dass der eine dem anderen Anmerkungen in die Texte schreibt? Vielmehr sollten kontroverse Anschauungen doch auch Gegenstand einer Kontroverse werden, die wir hier, ob es recht ist oder nicht, bereits haben.

In einer Kontroverse ist es bekanntermaßen von erheblicher Bedeutung, wie die Opponenten sich positionieren, sprich ihre Ausgangssituation beschreiben und reflektieren. Und da versteigt Herr Dr. Dorsch sich zu einem Argument, das ich ungern und nicht leichtfertig zitiere. Mir ist bewusst, dass damit die Grenze zu einem persönlichen Angriff berührt ist, an dem mir nichts liegt – ich habe ihn als einen verbindlichen Menschen kennen gelernt, an dessen persönliches Verhalten zu rühren ich abseits dieses Konflikts kein Interesse und keinen Grund habe. Da wir aber, noch einmal, in dieser Sache nicht als Kollegen, sondern als Opponenten in einer Sache von doch einigem öffentlichen Belang agieren, muss es erlaubt sein, diese, *seine* Selbstsituierung in der Auseinandersetzung zu zitieren. Er schreibt nämlich, dass ihm der Inhalt der von Weber illustrierten antisemitischen Schriften durchaus nicht gleichgültig sei, und begründet dies mit dem Satz: „Da ich selbst kein Antisemit bin (mein Bruder lebte und arbeitete lange Jahre in Israel), bewegt mich der Inhalt dieser Schriften. Ich versuche dennoch, möglichst objektiv damit umzugehen." –

Ich will umstandslos sagen, was mich an diesen Sätzen verwundert: sie argumentieren, als wäre Antisemitismus eine mögliche politische Option unter anderen. (Von der in Klammer hinzugefügten Begründung einmal ganz abgesehen.) So, als könne man es andererseits auch durchaus sein: ... *ich selbst bin gar kein Antisemit, mein Kollege X aber schon, mein Gärtner auch, mein Bäcker aber wieder nicht* ... Das bedeutet: wer sagt „*Ich* bin kein Antisemit", akzeptiert gewissermaßen die mögliche Stigmatisierung der Juden, hält es für möglich, dass andere es durchaus, und zwar politisch sozusagen legitimerweise, sein können. Man kann nicht im Sinne einer einfachen positiven Aussage sagen *„Ich bin kein Antisemit"* und sich gewissermaßen damit beschreiben und legitimieren wollen, um dann zur Verhandlung des Problems überzugehen. Es geht hier einfach um die Ebene, auf der sich das Problem stellt und auf der man es verhandelt. Wer sich so situiert, hat nicht verstanden, worum es geht, zumal nicht bei dem Antisemitismusvorwurf gegen A. Paul Weber. Und diese mangelnde Einsicht ist, wie ich ausführen werde, symptomatisch. Sie hat Konsequenzen. Konsequenzen in der Hinsicht, dass die Virulenz des Problems dann nämlich auch in Bezug auf Weber gar nicht erfasst wird: auch Weber, so die Argumentation Dorschs ist – ungeachtet all der in Rede stehenden, eine große Anzahl von Menschen inzwischen empörenden oder zumindest überraschenden Grafiken – kein Antisemit. Das Ganze beruht gewissermaßen auf einem Missverständnis. Ob ich denn, so hatte Dorsch mir schon in der Diskussion nach meinem ersten Vortrag zu diesem Thema in Eutin vorgehalten, überhaupt belegen könne, dass und in welchem Umfang Weber den Text der von ihm illustrierten Bände Dinters („Die Sünde wider das Blut"), von Killingers („Ernstes und Heiteres aus dem Putschleben") und Stapels („Literatenwäsche") überhaupt gekannt hätte? Haben wir es hier wirklich mit einem Antisemiten zu tun, der das, was er da illustriert, denn damit auch gewissermaßen unterschreibt? Mein Bemühen, in meinem damaligen Vortrag und in meiner Schrift „Mühsam und so weiter, was waren das für Namen ..." gerade durch die Zusammenführung von schriftlichem, erzählerischen, darstellenden Text und Kontext mit den drastischen Blättern Webers die – eminenten – Korrespondenzen, ja die wechselseitige Verstärkung der antisemitischen Ausrichtung zu erweisen, scheint bei Dorsch keinen Eindruck hinterlassen zu haben. Wieder und wieder zeichnet er das Bild des ahnungslosen Künstlers, dessen „Verstrickungen in die Fänge des Nibelungen-Verlages" (wie ist er da hineingekommen'?) ihm keine Wahl gelassen hätte. Weber ist kein Antisemit, im Gegenteil „verstrickt", mithin im Grunde: Opfer. Es ist diese Schlusstechnik Dorschs, die mich in Erstaunen versetzt. Sie kulminiert schließlich in seinem Brief an mich in seiner Definition des „Antisemiten". Auch sie sei hier zitiert, da sie darauf abzielt, alle bisherigen Erkenntnisse über die hier in Rede stehenden Schriften und die sie illustrierenden Blätter A. Paul Webers mit einer atemberaubenden Geste vom Tisch zu wischen: *„Für mich beinhaltet der Begriff ‚Antisemit' stets"*, schreibt Herr Dr. Dorsch, *„dass der Betreffende sich freiwillig und persönlich in Wort, Schrift oder Bild zu dieser Geisteshaltung bekennt. Das hat Weber jedoch nicht getan. "*

Nicht „in ... Bild"? Nicht persönlich? Nicht freiwillig? Wie sind die drastischen Blätter Webers, wie sie in der Schrift „Mühsam und so weiter, was waren das für Namen ..." dokumentiert sind, dann zu verstehen? Wäre es nicht geboten, schon allein angesichts des hier abgebildeten „Amerika"-Titels noch einmal zu überdenken, was es denen bedeutet, und vor allem was dem deutschen Publikum des Jahre 1943 bedeutet werden sollte, wenn ein Grafiker den Davidstern an den Abzug eines Gewehrs hängt? (Das „internationale Judentum" als „Kriegshetzer")

Abbildung 21

Dorsch führt an, dass der „Nibelungen-Verlag" dieses Blatt Webers einer anderen Publikation aus der Nazi-Zeit entnommen habe. Weber hat gewissermaßen, so wie er den Inhalt der oben zitierten Schriften nicht kannte, auch davon nichts gewusst. Der „Nibelungen-Verlag", so Dorsch, wollte nach den anti-britischen und anti-russischen Bildern nun auch anti-amerikanische verbreiten. In Dorschs Formulierung ist dabei „der Nibelungen-Verlag" Subjekt des Satzes, die Beteiligung Webers wird dem Vorgang subtrahiert – er, der diese aussagekräftigen, antihumanen Hetzbilder gezeichnet hat, dem diese Werke doch maßgeblich ihre Wirksamkeit verdanken. Ich betone dies, da ich das unablässige Bemühen der Vertreter des Ratzeburger Hauses, Webers Wirken und Verantwortung zu verschieben, zu anonymisieren und zu entpersonalisieren, konterkarieren möchte. Sie statuieren und pflegen das Bild des ahnungslosen und missbrauchten Künstlers auf eine Staunen erregende Art und Weise, die einfach nicht unwidersprochen stehen bleiben darf. Ob eine „zu diesem Zwecke (des Titelblatts) erbrachte Leistung" (Dorsch) oder nicht: diese Grafik spricht für sich, denn sonst wäre sie ja nicht austauschbar gewesen, und ist eine durchaus „in freier Entscheidung", ja mit großem Nachdruck präsentierte Komposition antisemitischen Geistes.

Dorschs Behauptung, es gäbe keine antisemitische Grafik A. Paul Webers nach 1933, ist damit widerlegt. Erst recht die Behauptung, Weber habe sich nie „freiwillig und persönlich in Wort, Schrift oder Bild zu dieser Geisteshaltung (Antisemitismus) bekannt", kann so nicht stehenbleiben. Denn man darf doch davon ausgehen, dass als primäre Äußerungsform eines Künstlers zunächst das ihm eigene Medium gelten kann, in dem er sich und seine Sicht der Dinge darstellt. In diesem Sinne ist es unerheblich, ob es von Weber außerhalb von seiner grafischen Produktion sonstwie antisemitische Äußerungen gibt oder nicht. Die Grafik war sein Ausdrucksmedium, und in diesem hat er sich in klaren wie drastischen Bildern antisemitisch betätigt. Niemand hat ihn bei Komposition oder Linienführung seiner Blätter missbraucht, die, noch einmal, für sich sprechen, denn sonst wären sie nicht austauschbar und variierbar gewesen, niemand hat ihm die Feder geführt. Es waren Geist und Hand dieses Zeichners, der mit großer suggestiver und konzentrierter Kraft wieder und wieder das Bild des „hässlichen Juden" geformt hat.

Herr Dr. Dorsch führt weiter an, ihm seien keine „freien, d.h. *ohne Auftrag* [...] entstandenen bildlichen Werke Webers" dieser Art bekannt. Diese Argumentation steht, so meine ich, in einer mehr als prekären Tradition. Nur „*im Auftrag*" gehandelt zu haben, und ich stelle da gewiss nichts Neues fest, wurde von vielen Vorbereitern, Mittätern und Exekutoren der Nazibarbarei als „entlastendes Argument" angeführt. Oder anders: macht es die Sache denn besser, wenn und dass Weber einen „Auftrag" gehabt hat? Wieso hat er denn die Aufträge zu antisemitischen Bildern bekommen? Wieso hat man denn offenbar immer wieder an ihn gedacht? Er hätte die Aufträge doch auch ablehnen können, dass er sie aber angenommen und wie er sie jeweils ausgeführt hat, spricht für sich. Niemand, noch einmal, hat ihm doch wohl dabei die Hand geführt. Ein Auftrag wird vergeben, angenommen und ausgeführt: wären die Blätter nicht von A. Paul Weber, der sie so wirkungsvoll gestaltet hat, hätte der Nibelungen-Verlag sie doch auch nicht akzeptiert und verwendet.

Das Ratzeburger Museum aber möchte das Image des Visionärs nach beinah antikem Muster kultivieren, der zwar seherisch die Katastrophe vorausgeahnt hat,

dann aber blind in ihren Verlauf verstrickt wird. Dass er diese Katastrophe freilich mit den Mitteln seines Genres und im Rahmen seiner Möglichkeiten nach
Kräften beförderte, wird verschwiegen. Nichts gewusst, nichts gesehen, missbraucht: es ist diese Verkehrung ins Gegenteil, die den Sachverhalt so unerträg-
lich wie symptomatisch macht.

Denn all das suggeriert ganz entschieden die Selbstdarstellung des Ratzeburger
Hauses, beispielsweise durch die Homepage im Internet, auf der Weber „Sorge
um die Zukunft im Hinblick auf den erstarkenden Nationalsozialismus" hegt,
„prophetisch" ist, „dem Widerstandskreis" (des Ernst Niekisch freilich) ange-
hörte, im „KZ war" (was nicht zutrifft), das „NS-Regime seine Zeichnungen
missbrauchte" usw. und für die Herr Dr. Dorsch verantwortlich zeichnet. Hier
wird, ob willentlich oder fahrlässig, mit Assoziationen gespielt. „Widerstandskreis"? Wer würde da nicht an den 20. Juli oder den demokratischen antifaschistischen Widerstand denken? Tatsächlich aber ist dieser Widerstand der der Nationalrevolutionäre, die Konkurrenten Hitlers um die Macht waren und gewissermaßen die „besseren Nationalsozialisten" sein wollten. Nebenbei: wie wird hier
unter der Hand mit der Erinnerung an den tatsächlichen Widerstand umgegan-
gen. Noch einmal: es geht um das Bild, das man sich von Weber gemacht hat
und mit Dorschs tätiger Mithilfe – weiter macht. Er muss sich schon fragen lassen, wie er bei diesem Bild des Widerstandsmannes und Visionärs, das er wieder
und wieder zeichnet, übersehen kann, dass Weber beispielsweise, wie auch der
Kunsthistoriker T. Noll belegt (A. Paul Weber – zwischen den Stühlen 1993,
S. 422 f.) in der Zeit von 1940–1942 in Deutschland zehn Ausstellungen oder
Beteiligungen an Ausstellungen hatte? Dass „politische Zeichnungen Webers an
der höchsten Führerschule der Hitler-Jugend in Braunschweig zur Ausbildung
des hauptamtlichen Führernachwuchses" verwendet wurden? (Noll, S. 425/6) –
Ein Vorgang, zu dem auch Noll bemerkt, er bedeute „nicht weniger als die Eig-
nung der politischen Arbeiten Webers, zu dieser Ausbildung, wohl im Bereich
Politik und Weltanschauung, etwas beizutragen". (Noll ebd.)

Herrn Dr. Dorsch dürfte schließlich so gut wie mir die Anekdote aus den Tage-
buchnotizen von Kurt Esselbrügge bekannt sein, der von Webers Teilnahme an
einer geselligen Weinrunde bei Goebbels im Sommer 1943 im Garten der
Reichskanzlei berichtet. (Esselbrügge, Begegnung mit A. Paul Weber, in: Retro-
spektive zum 85. Geburtstag, Hg. G. Reinhardt, Köln/Bonn 1978, S. 335) Wie
passt das mit dem Bild des sorgenvollen „Widerstands"-Mannes zusammen?

In der Darstellung des Ratzeburger Museums wird, mit Bezug auf diese Zeit jedenfalls, ein Brandstifter zum Opfer gemacht. Als Repräsentant eines mit öffentlichen Mitteln getragenen Hauses steht sein Leiter, Herr Dr. Dorsch, dafür in der
Verantwortung. Es ist allgemein bekannt, welche Rolle die Blätter Webers insbesondere auch in der Pädagogik spielen. Dass viele Lehrer ahnungslos und
wohlmeinend ihren Schülern Bilder aus Webers „nationalrevolutionär" und an-

tidemokratisch geprägter Vorstellungswelt offerieren („Das Verhängnis", 1932, „Das Gerücht", 1943), ohne die Hintergründe zu kennen, ist auch das Verdienst einer Weber-Präsentation, wie das Ratzeburger Haus sie betreibt und verantwortet. Weber ist kein Vorbild, geschweige denn der „Prophet", als der er ausgegeben wird. A. Paul Webers hier in Rede stehende Arbeiten, das sei noch einmal ganz deutlich gesagt, entstammen keiner antifaschistischen, geschweige denn demokratischen Gesinnung, sondern einem nationalrevolutionär-antidemokratischen Engagement in den 20er und 30er Jahren mit einer gewalttätig-protofaschistischen Grauzone.

Mit nicht einer Andeutung auch nur, von klaren Worten ganz zu schweigen, wird indes der Öffentlichkeit irgend etwas von all den hier verhandelten doch so drängenden Problemen verlautbart. Dabei ist Antisemitismus doch gerade angesichts der aktuellen Geschehnisse und der Diskussion um die vergangenen in Deutschland nicht ein Problem unter anderen.

Für die Virulenz dieses Problems – auch und gerade mit Blick auf Weber und seine Rezeption – gibt es keinen besseren Beweis als Dorschs missglückten Versuch der Widerlegung. Als ein mit öffentlichen Mitteln gefördertes Haus aber, das jedes Jahr Tausende von Besuchern verzeichnet, hat das Ratzeburger Weber-Museum auch einen Bildungsauftrag. Dieser wird durch die beständige Image-Klitterung A. Paul Webers verletzt.

Doch selbst wo er zugibt, dass Weber Antisemit sei, entwickelt Dorsch eine problematische Argumentation. Wir erinnern uns: gerade noch hatte er ausgeführt, dass Weber sich nie in *„ Wort, Schrift oder Bild"* zur „Haltung" Antisemitismus bekannt habe. Nun, im selben Schreiben: außerdem müsse man doch *„die Relation zum Gesamtwerk sehen":* was machen die paar antisemitischen Blätter schon bei einer Masse von rund 20.000 anderen aus? Ich möchte ihm direkt antworten: es geht hier nicht um Masse, sondern darum, dass sich Webers Image maßgeblich gerade vom Gegenteil speist. Sprich: die antisemitischen Blätter machen viel aus bei einem, dessen protegierte Lebenslüge das Image des Antifaschisten ist. Angesichts seines Ruhms und vor allem seines Rufs geht es nicht um Quantität. Und hätte er nur ein einziges solches Blatt gezeichnet: wir hätten das gleiche Problem.

Doch an diesem Image stricken das Ratzeburger Haus und seine Vertreter weiter. Um den Zirkel der Verdrehungen zu komplettieren, führt Herr Dr. Dorsch in seinem Brief an mich noch an, dass ihm nicht nur keine „schriftlichen oder mündlichen Äußerungen Webers über die Juden bekannt sind", sondern dass er, Weber, darüber hinaus in den 70er Jahren mit dem (jüdischen) Philosophen Günter Anders befreundet gewesen sei. Dorsch weiter: *„Anders hat die Thematik Weber gegenüber nie angesprochen, sondern war ihm in tiefer Verehrung zugetan."* Quod erat demonstrandum: nicht nur verstrickt war er, missbraucht, ein Opfer, nein – ein Freund der Juden ist A. Paul Weber eigentlich gewesen, die sich gewissermaßen ja nie beschwert haben, sondern einer ihrer maßgeblichen Vertreter war *„ihm in tiefer Verehrung zugetan"*. Ob Anders freilich von „der Thematik" in puncto Webers Vergangenheit gewusst hat und, hätte er davon gewusst, weiterhin „in tiefer Verehrung" verharrt hätte, bleibt dahin gestellt. Nicht dahin gestellt bleiben darf vielleicht, dass mit diesem Argument ein Jude benutzt wird, um einen Antisemiten reinzuwaschen. Auch das, was die Kritik mit dem Wort vom „Alibijuden" gefasst hat, ist Herrn Dr. Dorsch unbekannt.

Statt dessen verweist er „im Zusammenhang mit Ihren (= meinen) Fragen" auf „die in Arbeit befindliche Biographie" zu A. Paul Weber, die er verfasst. In ihr möchte er zeigen, so hatte er schon in seinem ersten Brief formuliert, *„durch welche Irrungen und Wirrungen nicht nur Deutschland gegangen ist, sondern wie diese sich aus der Lebensgeschichte Webers im persönlichen Bereich entwickelt haben und sich auch im Werk dieses Künstlers widerspiegeln"*.

Noch einmal, auch auf die Gefahr hin, mich zu wiederholen: es geht um den Vorwurf des Antisemitismus und der Demokratiefeindlichkeit (trotz gegenteiligen Rufs), es geht um nichts Geringeres als die Teilhabe an der ideologischen Vorbereitung des Mordens an den europäischen Juden im Rahmen der Möglichkeiten seines Genres (s. Webers Selbstporträt mit Pistole in der Hand gegenüber geldzählendem Juden, „Mühsam usw.", S. 14, sowie die darin gleichfalls abgebildeten Juden'fratzen', das geprügelte ‚Malweibchen', die Aufgehängten, Aufgespießten und abgeschlagenen Köpfe), und es geht um die Komplizenschaft mit NS-Machthabern (Goebbels-Episode 1943) und die Zuarbeit zu ihren Organen – wie kann man da von den *„ Irrungen und Wirrungen"* reden, durch die *„Deutschland gegangen ist"*? Und was soll Dorschs Formulierung, wie *„diese* (– die Irrungen und Wirrungen Deutschlands) *sich aus der Lebensgeschichte Webers im persönlichen Bereich entwickelt haben"* (sic), bedeuten? – Deutschland hat *geirrt*, bei Weber sich etwas *entwickelt*, das sich in seinem Werk *widerspiegelt* – nur er hat mit alledem nichts zu tun. Verantwortung leugnen, verschieben, entpersonalisieren: man meint, sich in den tiefsten 50/60-er-Jahre-Debatten zu befinden.

Dabei kennt anders als die breite Offentlichkeit, die über all diese Dinge im Unklaren gelassen wird, die „Neue Rechte" der letzten Jahre und Jahrzehnte ihren A. Paul Weber gut. Drei Beispiele nur:

* 1982 bringt der einschlägig bekannte Krefelder „Sinus-Verlag" Auszüge aus Ernst Niekischs „Widerstand" in einer Neuauflage heraus. Darin: 18 Zeichnungen von A. Paul Weber, Copyrightgenehmigung von Sohn Christian Weber. Auf S. 128: ein Jude mit seinem Sohn vor drei aufgestellten Schwertern, Titel des Weber-Blattes: „Gegensätze".

* 1999 erscheint im „Deutsche Stimme Verlag" die Publikation „Deutsche Bausteine – Grundlagen nationaler Politik" des neu-rechten Publizisten Jürgen Schwab. Darin auf S. 132 die Weber-Grafik „Grauen vor dem Osten", auf S. 326

sein Blatt „Versailles" mit den Unterzeilen des Autors: *„Der Kampf um die nationale Souveränität zieht sich wie ein roter Faden durch die deutsche Geschichte: von Hermann dem Cherusker über den Widerstand gegen das Versailler Diktat bis in unsere heutige Zeit."*

* Am 19.1.2001 schließlich erscheint in der Wochenzeitung „Junge Freiheit", die nationalkonservative und antidemokratisch-völkische Ordnungsvorstellungen hegt, eine Besprechung des „Biographischen Lexikons für Schleswig-Holstein", in der der Autor unter anderem formuliert: *„Leider ist auch zu registrieren, daß manchen Beiträgern die gebotene lexikalisch-nüchterne Contenance abhanden kommt, wenn sie den Rubikon von 1933 überschreiten müssen. Angesichts solcher Tendenzen nehmen sich die in Band 11 veröffentlichten Biographien aus dem Umfeld der „Konservativen Revolution" (Harro Schulze-Boysen, Gustav Steinbörner, A. Paul Weber) wohltuend sachlich aus ..."* – um wenige Zeilen später fortzufahren: *„Was allerdings Erich Mühsam, der anarchistische Schriftsteller und Exponent der Münchener Räteregierung von 1918/19, in diesem Lexikon zu suchen hat, ist kaum verständlich."*

Als sei es Luft.

Nachtrag 2011

Das Land Schleswig-Holstein hat nach Erscheinen der ersten Auflage dieser Schrift reagiert und eine mit Vertretern aus Wissenschaft, Politik und Verwaltung besetzte Kommission einberufen. Sie hat im Februar 2002 die erhobenen Vorwürfe überprüft. Daraufhin wurde eine Überarbeitung der Präsentationsweise des A. Paul-Weber-Museums in Ratzeburg angeregt. Dazu gehört insbesondere, dass die umfangreiche Biographie Webers von Helmut Schuhmacher und Klaus J. Dorsch aus dem Jahre 2003, die jedermann zugänglich auf der Homepage des Museums steht, alle entscheidenden Sachverhalte anführt. Sie spart auch kritische Aspekte nicht aus.

Allerdings bleibt fraglich, ob diese Biographie das für Weber so charakteristische Problem von Selbstinszenierung und Rezeption zu erfassen, geschweige denn schlüssig zu thematisieren vermag. So formulieren Helmut Schuhmacher und Klaus J. Dorsch mit Blick auf die Ansichten Ernst Niekischs und A. Paul Webers:

Ernst Niekisch legte seine Auffassung über die Juden seinem Freund, dem Arzt Karl Strünckmann dar. Er schrieb ihm am 24.3.1932: *„Wenn ich irgendwie jüdisches Blut in meinen Adern hätte, würde ich irgendwie ein Verhältnis zu den Juden, sei es in positiver, sei es in negativer Art vom Instinktiven her besitzen. Das ist aber nicht der Fall. Alles Jüdische empfinde ich als schlechthin fremdartig und unzugänglich und zwar so, dass es mich überhaupt nicht interessiert, dass ich daran vorbeigehe, als sei es Luft. Ich bin weder Philosemit noch Antisemit..."* Weber dürfte diese Einstellung geteilt haben. Es gibt von ihm keine schriftlichen oder mündlichen Äußerungen, die ihn als Antisemiten ausweisen; auch gibt es außerhalb der Illustrations-Auftragsarbeiten keine Werke, in denen er persönlich gegen die Juden Stellung bezogen hätte.[4]

---

4 Helmut Schuhmacher/Klaus J. Dorsch: A. Paul Weber, Leben und Werk in Texten und Bildern. Hamburg 2003, S. 119

Bildnachweis

[U1:]   Porträt Erich Mühsam, Radierung von Horst Janssen

[S. 1:]   EMG, Lübeck

Abb. 1:   A. Paul Weber, Verzeichnis der Gebrauchsgraphik. Hg. Helmut Schuhmacher, Lübeck 1990, S. 44

Abb. 2:   Hjalmar Kutzleb, Der Zeitgenosse, mit den Augen eines alten Wandervogels gesehen.

          Illustriert von A. Paul Weber, Leipzig 1922, S. 10

Abb. 3:   Kutzleb, Der Zeitgenosse, a.a.O., S. 11

Abb. 4:   Kutzleb, Der Zeitgenosse, a.a.O., S. 19

Abb. 5:   Manfred von Killinger, Ernstes und Heiteres aus dem Putschleben, mit Illustrationen von A. Paul Weber, Erstveröffentlichung 1928, Vormarsch-Bücherei, S. 15, 10. Auflage 1943, Zentralverlag der NSDAP, Eher Nachf., München 1943

Abb. 6:   Der Vormarsch (Zschr.), 1928

Abb. 7:   Wilhelm Stapel, Literatenwäsche. Mit Zeichnungen von A. Paul Weber, Berlin 1930

Abb. 8:   Literatenwäsche, a.a.O., S. 39

Abb. 9:   Stapel, Literatenwäsche, a.a.O., S. 33, 42, 58

Abb. 10:   Blatt: Publikationen des ‚Widerstands-Verlags‘, Archiv des Hamburger Inst. f. Sozialforschung (Kopie)

Abb. 11:   Grenzland, Mappe mit neun Holzschnitten von A. Paul Weber, Berlin 1932

Abb. 12:   Ernst Niekisch, Hitler, ein deutsches Verhängnis. Mit Zeichnungen von A. Paul Weber, Berlin 1932, S. 11

Abb. 13:   Das Leichentuch. Von A. Paul Weber. In: A. Paul Weber, Kunst im Widerstand, Katalog der Elefantenpress, Berlin 1977, S. 64

Abb. 14:   Das Leichentuch. Von A. Paul Weber. In: Das Reich, 9.8.1942

Abb. 15:   Das Leichentuch. Von A. Paul Weber. In: Illustrierter Beobachter, Sept./Okt. 1943

Abb. 16:   Hunger. Von A. Paul Weber. In: A. Paul Weber, Kunst im Widerstand, Katalog der Elefantenpress, Berlin 1977, S. 68

Abb. 17:   Hunger. Von A. Paul Weber. In: Das Reich, 22.3.1942

Abb. 18:   Der Flieger. Von A. Paul Weber. In: Das Reich, 9.2.1941

Abb. 19: A. Paul Weber, Britische Bilder, Nibelungen-Verlag, Berlin 1941

Abb. 20: Das Gerücht. Von A. Paul Weber. Zuerst in: Simplicissimus, 48. Jg., Nr. 1, 1943

Abb. 21: Titel (Ausschnitt) zu: „Das ist Amerika". Nibelungen-Verlag, Berlin/Leipzig 1942

[U4:] Selbstkarikatur Erich Mühsams. Bleistiftzeichnung. 22.1.1912. Gästebuch Arthur Kutscher, Bd. 1, S. 87 (Privatbesitz Ilse Klein, München). Abdruck aus: Gerd W. Jungblut (Hrsg.), In meiner Posaune muß ein Sandkorn sein. Briefe 1900–1934. Vaduz: Topos 1984, Bd. 1, S. 140

Publikationen der Erich-Mühsam-Gesellschaft

Die EMG gibt zwei Publikationsreihen heraus: das „Mühsam-Magazin" und die „Schriften der Erich-Mühsam-Gesellschaft". Bisher sind erschienen:

Mühsam-Magazin:

Heft 1 (1989):	(vergriffen)
Heft 2 (1990):	(vergriffen)
Heft 3 (1992):	(vergriffen)
Heft 4 (1994):	Mit der unveröffentlichten Erzählung „Tante Klodt" von Erich Mühsam
Heft 5 (1997):	Mit dem Sylter Tagebuch (1891) von Erich Mühsam
Heft 6 (1998):	Mit Materialien zum Streit um die Mühsam-Rechte
Heft 7 (1999):	Mit Materialien der Tagung „Erich Mühsam und die Kunst" und der Preisverleihung 1997
Heft 8 (2000):	Mit „Im Nachthemd durchs Leben" (1914) von Reinhard Koester, Carl Georg von Maaßen und Erich Mühsam
Heft 9 (2001):	Mit Materialien zum Verhältnis Erich Mühsams zu Senna Hoy, Oskar Maria Graf und Emmy Hennings
Heft 10 (2003):	Mit Materialien zur Rettung der Lübecker Löwen-Apotheke und zur Roten Hilfe
Heft 11 (2006)	Mit Beiträgen zu Margarethe Faas-Hardegger, Johannes Nohl und Peter Hille

Schriften der Erich-Mühsam-Gesellschaft:

Heft 1 (1989):	Chris Hirte: Wege zu Erich Mühsam (vergriffen)
Heft 2 (1991):	Erich Mühsam – Revolutionär und Schriftsteller (2. Aufl. 1997)
Heft 3 (1993):	Erich Mühsam und … (der Anarchismus und Expressionismus; die „Frauenfrage"; Ludwig Thoma) (2. Aufl. 1998)

Heft 20 (2002):	„Bücher kann man nicht umbringen" – Zur Verleihung des Erich-Mühsam-Preises 2001 an Mumia Abu-Jamal
Heft 21 (2002):	Erich Mühsam und das Judentum
Heft 22 (2003):	Das Tagebuch im 20. Jahrhundert – Erich Mühsam und andere
Heft 23 (2004):	Ausstellung zum 125. Geburtstag Erich Mühsams – Festschrift mit Preisverleihung an die „junge Welt"
Heft 24 (2004):	„Sei tapfer und wachse dich aus." Gustav Landauer im Dialog mit Erich Mühsam – Briefe und Aufsätze. Herausgegeben und bearbeitet von Christoph Knüppel
Heft 25 (2004):	Die Rote Republik. Anarchie- und Aktivismuskonzepte der Schriftsteller 1918/19 und das Nachleben der Räte – Erich Mühsam, Ernst Toller, Oskar Maria Graf u. a.
Heft 26 (2005):	„Den Schwachen zum Recht verhelfen" – Erich-Mühsam-Preis 2005 an Felicia Langer
Heft 27 (2006):	Von Ascona bis Eden – Alternative Lebensformen
Heft 28 (2007):	„Eingesperrt sind meine Pläne namens der Gerechtigkeit." – Politische Haft, Folter, Todesstrafe: Erich Mühsam und andere
Heft 29 (2007):	„Ferien vom Krieg" – Erich-Mühsam-Preis 2007 an das Komitee für Grundrechte und Demokratie
Heft 30 (2008):	Kunst als politische Waffe oder als Mittel der Aufklärung?
Heft 31 (2008):	Wie aktuell ist Erich Mühsam?
Heft 32 (2009):	Clément Moreau: Nacht über Deutschland. – 107 Linolschnitte aus den Jahren 1937–1938
Heft 34 (2010):	Charlotte Landau-Mühsam: Meine Erinnerungen. Herausgegeben von Peter Guttkuhn
Heft 35 (2010):	Herrschaftsfreie Gesellschaftsmodelle in Geschichte und Gegenwart und ihre Perspektiven für die Zukunft
Heft 36 (2011):	Sich fügen heißt lügen? Leben zwischen Gewalt und Widerstand

Soweit die Hefte nicht vergriffen sind, können sie bei der EMG oder im Buchhandel erworben werden.   Stand: 01/2011

Erich-Mühsam-Gesellschaft e. V., Lübeck

1. Buddenbrookhaus, Mengstr. 4, 23552 Lübeck
2. Sabine Kruse, Charlottenstr. 23, 23560 Lübeck

www.erich-muehsam-gesellschaft.de
www.buddenbrookhaus.de
eMail: info@buddenbrookhaus.de

Längst überfällig war sie. Seit dem 111. Geburtstag am 6.4.1989 existiert sie und soll mit **Ihrer** Unterstützung lebendige Arbeit leisten.

Aufgabe der Erich-Mühsam-Gesellschaft ist es, das Andenken des Schriftstellers zu erhalten, in seinem Geist die fortschrittliche, friedensfördernde und für soziale Gerechtigkeit eintretende Literatur zu pflegen und seine Absage an jede Unterdrückung, Gewalt und Diskriminierung von Minderheiten für die Gegenwart zu nutzen.
Unsere Pläne:

- Aufbau eines Archivs in Lübeck

- Schaffung eines Erich-Mühsam-Museums in Lübeck

- Lesungen und Inszenierungen

- Vorträge und Seminare

- Förderung der wissenschaftlichen Forschung

- Herausgabe weiterer Hefte der Schriftenreihe und des Magazins

- Vergabe eines Erich-Mühsam-Preises

Ein früherer Lübecker Bürgermeister hat – bezogen auf Thomas und Heinrich Mann sowie Erich Mühsam – gesagt: „Dass die auch gerade alle aus Lübeck sein müssen – was sollen die Leute im Reich von uns denken!" Nun – die Brüder Mann mussten emigrieren, Mühsam wurde auf grausame Weise 1934 im KZ Oranienburg ermordet. Das „Reich" ging kaputt ...

Der Schriftsteller, Dramatiker, Bänkelsänger, Lyriker, Zeichner, Essayist, antimilitaristische Agitator und Journalist Erich Mühsam gehört zu den bedeutendsten und vielseitigsten kritischen Talenten Deutschlands im frühen 20. Jahrhundert. Es gilt, diesen wichtigen Sohn Lübecks, der für Frieden und Freiheit kämpfte, in das Bewusstsein der Öffentlichkeit zu bringen.

Die Erich-Mühsam-Gesellschaft e. V. ist vom Finanzamt Lübeck nach § 5, Abs. 1 Nr. 9 KstG mit Steuernummer 22 290 77 166 541-HL als gemeinnützig anerkannt.